Auf Schlössertour

Entdeckungen in Sachsen

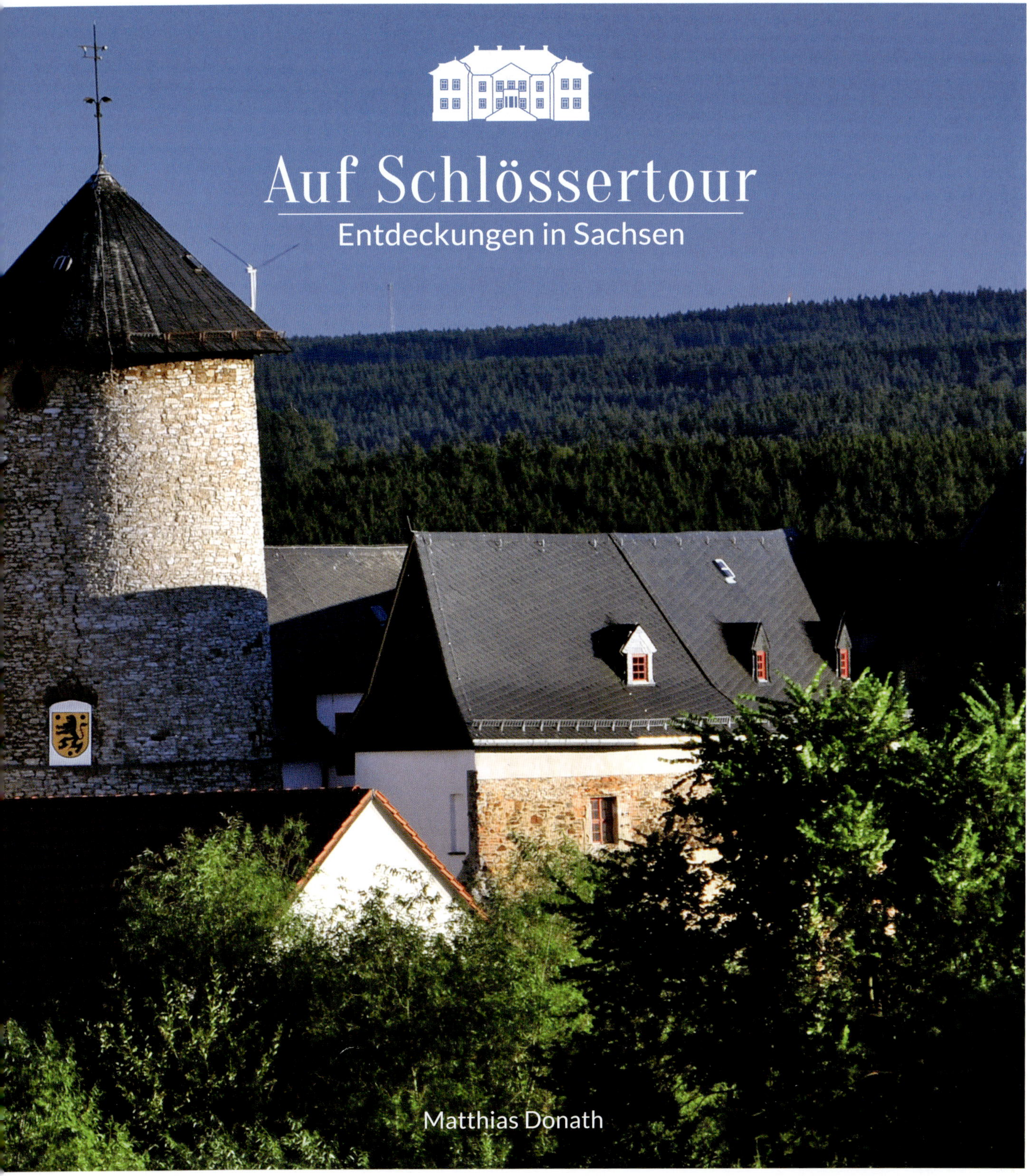
Auf Schlössertour
Entdeckungen in Sachsen
Matthias Donath

IMPRESSUM

Auf Schlössertour
Entdeckungen in Sachsen

Texte von Matthias Donath

Fotos:

Kristin Schmidt	Großhartmannsdorf, Lauterbach, Mühltroff, Mylau, Neumark, Purschenstein, Rochlitz, Schilbach, Schönberg, Treuen, Voigtsberg
Uwe Mann	Bieberstein, Hoheneck, Prießnitz, Leubnitz, Wildenfels
Matthias Donath	Prießnitz (S.70, S. 74, S. 75 unten)

Mitarbeit: Ulrike Abraham und Matthias Zwarg

1. Auflage, 2014

Layout und Satz: Mathilde Schliebe
Gesamtherstellung: Westermann Druck Zwickau GmbH

ISBN 978-3-944509-16-7

www.chemnitzer-verlag.de
www.freiepresse.de

VORWORT

Entdeckungsreise durch Sachsen

Sachsen ist mit Schlössern, Burgen und Herrenhäusern reich gesegnet. Etwa eintausend Herrensitze unterschiedlicher Größe und Ausstattung künden vom Reichtum des Landes. Weitaus weniger Burgen und Schlösser sind einem breiteren Publikum bekannt – meist nur die, die als Museen oder Ausflugsziele auf den touristischen Landkarten verzeichnet sind. Nicht wenige Herrensitze sind heute in Privathand, andere werden von Gemeinden oder Vereinen genutzt. Und diese kennt kaum jemand.

Mit der „Schlössertour" organisierte die Freie Presse eine Entdeckungsreise durch unbekannte und sonst nicht zugängliche Adelssitze. In den Sommerferien der Jahre 2012, 2013 und 2014 öffneten Schlösser und Burgen im Vogtland, im Erzgebirge und im Chemnitzer Land ihre Pforten. Einen Tag lang konnten die Zeitungsleser die geschichtsträchtigen Monumente nach Lust und Laune erkunden. Es waren Schlösser, die man sonst nicht besichtigen kann. An der Aktion beteiligten sich adlige und nichtadlige Schlossherren (Neumark, Lauterbach, Bieberstein, Schönberg), Vereine (Treuen, Mylau, Prießnitz), kommunale Betreiber (Schloss Voigtsberg in Oelsnitz, Leubnitz, Wildenfels, Großhartmannsdorf) und kirchliche Einrichtungen (Schilbach). Schloss Rochlitz, eine Einrichtung der Staatlichen Schlösser, Burgen und Gärten, war beteiligt, weil 2013 erstmals das ganze Schloss besichtigt werden konnte – nach einer tiefgreifenden Sanierung, die zwei Jahrzehnte gedauert hatte. Schloss Purschenstein ist heute ein Hotel, welches auf der „Schlössertour" ebenfalls zu besuchen war.

Die faszinierende Anziehungskraft der Schlösser hat auch damit zu tun, dass die Beschäftigung mit Adelssitzen und Adelsfamilien vor 1990 nicht erwünscht war. Die Schlossherren vergangener Jahrhunderte wurden als „Ausbeuter" verunglimpft, man machte sie für Kriege und alles Unheil der deutschen Geschichte verantwortlich. Leider wirken diese Zerrbilder noch heute nach. Die Bodenreform im Herbst 1945 hatte gravierende Auswirkungen auf die Schlösserlandschaft. Zusammen mit den Landwirtschaftsbetrieben wurden auch die Schlösser und Herrenhäuser enteignet. Nach dem Ende der DDR sind die Ergebnisse der Bodenreform nicht rückgängig gemacht worden. Weil die Landwirtschafts- und Forstbetriebe heute nicht mehr bestehen, fehlen die Einnahmen, die früher ganz selbstverständlich den Erhalt der Herrensitze garantierten. Die Schlossherren der Gegenwart müssen andere, neue Wege finden. Die Beispiele in diesem Buch zeigen eine große Vielfalt an Nutzungsideen. Sie vermitteln auch, mit welcher Leidenschaft private Eigentümer das historische Erbe pflegen.

Um die reiche Schlösserlandschaft Sachsens zu erhalten, brauchen die Schlossbesitzer, die Vereine und Gemeinden den Rückhalt einer breiten Öffentlichkeit. Sie freuen sich über Besucher und Gäste – und über alle, die weitererzählen, was für ein eindrucksvolles Kulturerbe bei uns in Sachsen zu finden ist. Gehen Sie auf Entdeckungsreise – und laden Sie andere dazu ein!

Dr. Matthias Donath
Vorsitzender des Freundeskreises Schlösserland Sachsen

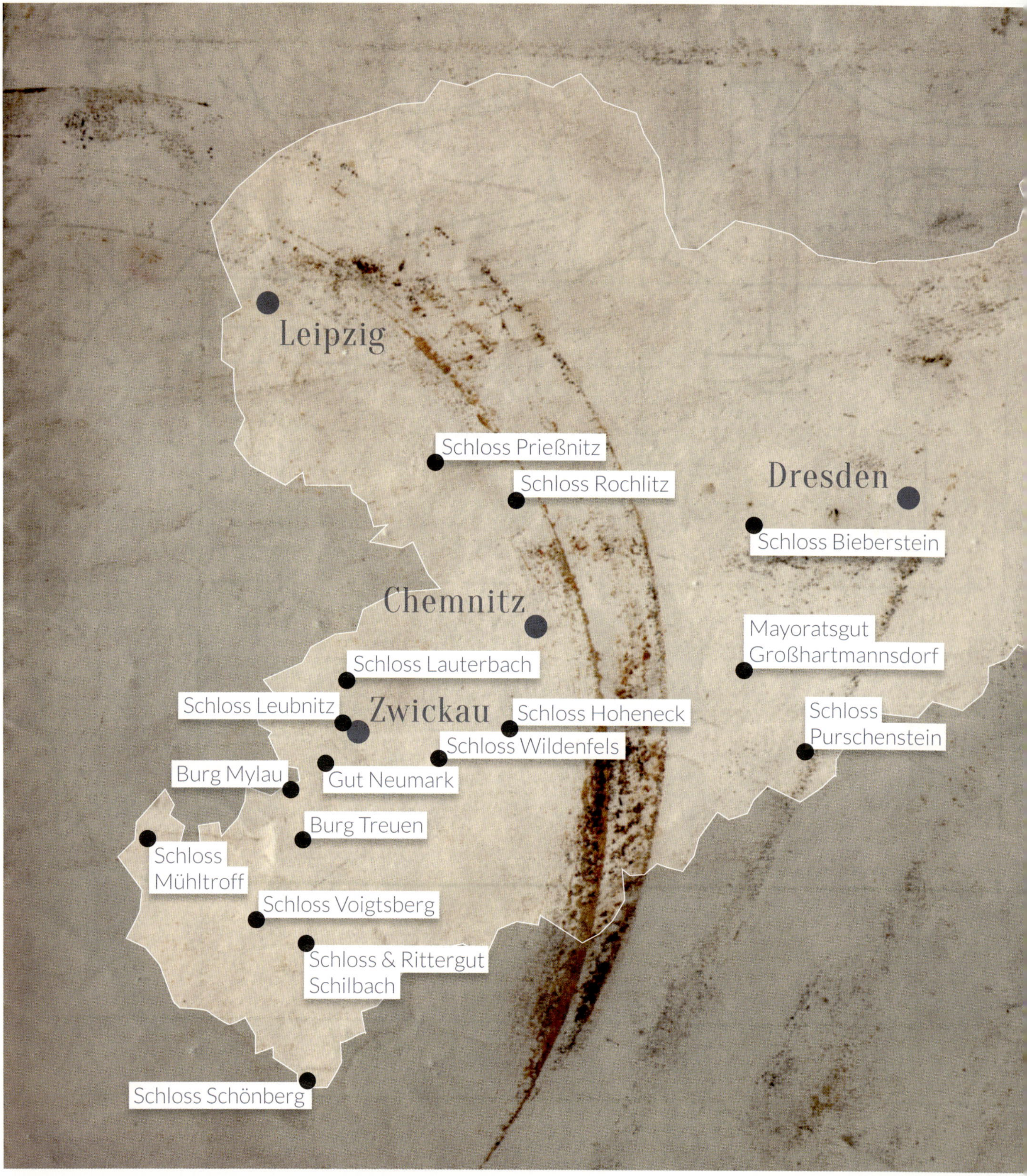
Leipzig
Schloss Prießnitz
Schloss Rochlitz
Dresden
Schloss Bieberstein
Chemnitz
Mayoratsgut
Großhartmannsdorf
Schloss Lauterbach
Schloss Leubnitz
Zwickau
Schloss Hoheneck
Schloss
Purschenstein
Schloss Wildenfels
Burg Mylau
Gut Neumark
Burg Treuen
Schloss
Mühltroff
Schloss Voigtsberg
Schloss & Rittergut
Schilbach
Schloss Schönberg

Sachsen

INHALT

SCHLOSS MÜHLTROFF

Um 1200: Gründung der Burg Mühltroff.

1349: Mühltroff wird erstmals als „castrum" und „meissnisches Lehen" erwähnt. Es wird Sitz der Plauener Vögte, die es aber schon acht Jahre später an die Wettiner abgeben müssen.

1380: Das Schloss wird während der Guttenberger Fehde niedergebrannt. Über die Jahrhunderte erlebt es zahlreiche Besitzerwechsel, brennt 1817 nochmals ab.

1822: Mühltroff geht an die Grafen von Hohenthal über.

1940: Die Stadt Mühltroff übernimmt das Schloss. Seitdem wird es als Wohnhaus und Museum genutzt.

Kontakt: August - Bebel - Platz 1
07919 Pausa - Mühltroff

Das Herrenhaus ist in Privatbesitz.
Der Rest der Anlage wird für Veranstaltungen genutzt und kann besichtigt werden (Termine für Führungen kurzfristig im Internet oder in der lokalen Presse).

schloss-muehltroff.de

SCHLOSS MÜHLTROFF

Otto Carl Erdmann Graf von Kospoth (1753–1817) glaubte an Geister und übernatürliche Kräfte. Als am 23. Juni 1817 das Mühltroffer Schloss in Flammen aufging, blieb er hartnäckig in seinem Zimmer, weil er sich im Besitz eines allmächtigen Feuerzaubers wähnte. Aber der brennende Turm stürzte zusammen und begrub den seltsamen Grafen. Das Schloss ist längst wiederaufgebaut, aber der unheimliche Graf scheint noch immer umherzugehen. Wer auch immer das Schloss in den letzten beiden Jahrhunderten in seinem Besitz hatte, dem war kein Glück beschieden. Seit 1822 gehörte das Rittergut den Grafen von Hohenthal, die in Püchau bei Wurzen wohnten und selten nach Mühltroff kamen. 1940 schenkte Carl Graf von Hohenthal-Püchau das Schloss der Stadt Mühltroff, die sich seitdem bemüht, den Herrschaftssitz zu erhalten.

Aber das Bauwerk ist für die Kleinstadt viel zu groß. Durch eine kulturelle und museale Nutzung allein kann das Schloss, immerhin eines der größten im Vogtland, nicht erhalten werden. Mühltroff liegt im westlichsten Zipfel des sächsischen Vogtlands. 1952 gliederte man die Kleinstadt dem thüringischen Kreis Schleiz an. Seit 1992 gehört der Ort, der schon im 14. Jahrhundert an die Markgrafen von Meißen gelangt war, wieder zum Freistaat Sachsen. Das Rittergut war seit 1436 an einheimische Adelsfamilien verlehnt, die das Schloss immer wieder veränderten und umbauten. Es entstand eine verwinkelte Anlage, die im Kern noch Reste einer mittelalterlichen Wasserburg enthält.

Auf den Mauern des Mittelalters

Im engen Innenhof erhebt sich der runde, aus Bruchsteinen gefügte Bergfried des frühen 13. Jahrhunderts. Er ist in den Nordflügel der Hofbebauung integriert. Nachdem die oberen Teile des Turms 1817 durch Brand zerstört wurden, setzte man 1857 eine spitze Kegelhaube auf. Die Schlossflügel, die sich um den Hof legen, wurden wohl in der zweiten Hälfte des 16. Jahrhunderts unter Verwendung mittelalterlicher Bausubstanz errichtet. Die Außenmauern folgen dem Verlauf der mittelalterlichen Ringmauer. Über diesen Burgkern reicht der vorspringende Westflügel hinaus, der in den ehemaligen Burggraben hineingebaut wurde. Neben dem Westflügel erhebt sich das Torgebäude, dann folgt das durch den Mühlgraben vom Schloss getrennte Herrenhaus, das in die zweite Hälfte des 17. Jahrhunderts datiert werden kann. Das frühbarocke Bauwerk mit Rustikagliederung besitzt im Erdgeschoss einen offenen Arkadengang. Durch einen Übergang ist das Herrenhaus mit der benachbarten Schlosskirche verbunden. Diese wurde nach dem Brand

von 1817 im klassizistischen Stil erneuert und dient noch heute als evangelische Stadtkirche. Auf dem vorgelagerten Hof stand einst das Rittergut.

Man betritt die Schlossanlage durch das frühbarocke Torgebäude. Das Portal ist von Lisenen und Rustikastreifen umgeben. Der Dreiecksgiebel wurde, wie im Giebelfeld zu lesen ist, 1790 aufgesetzt; Wappen und Monogramm verweisen auf den Grafen Otto Carl Erdmann von Kospoth, der 1817 im Schloss verbrannte. Eine Eisengussplatte zeigt das Wappen der Grafen von Hohenthal. Über einen kleinen Eingangshof, der durch eine Arkadenhalle aufgeweitet wird, erreicht man das schmale Treppenhaus, durch das man auch in den engen Innenhof gelangt. Im Erdgeschoss hat sich eine Schwarzküche erhalten, die heute für Veranstaltungen genutzt wird. Die Obergeschossräume sind sehr schlicht und ohne historische Ausstattung. Das letzte Geschoss und das Dach wurden nach dem Brand von 1817 erneuert.

Der Adelssitz gehörte seit dem 15. Jahrhundert der im Vogtland begüterten Familie von Sack, die 1591 ausstarb, wurde danach mehrfach verkauft und gelangte 1630 an die Herren von Bodenhausen. Als 1774 die Witwe Charlotte Eleonore Freifrau von Bodenhausen starb, fielen die Rittergüter Leubnitz und Mühltroff ihrem Schwiegersohn Carl Erdmann von Kospoth zu, der Ottonie Eleonore Freiin von Bodenhausen geheiratet hatte. Ihr Sohn Otto Carl Erdmann, der 1791 in den Grafenstand erhoben wurde, war ein gebildeter Mann, der die Musik und Literatur liebte. Als preußischer Kammerherr lebte er in Berlin und Potsdam. Bei der Bewirtschaftung des Ritterguts Mühltroff versagte er jedoch. 1805 musste er Mühltroff verkaufen, behielt sich jedoch das Wohnrecht im Schloss vor.

Musik in der Schwarzen Küche

1822 kaufte Graf Christian Gottlieb von Hohenthal auf Hohenprießnitz, ein Nachfahre des 1717 geadelten Leipziger Kaufmanns Peter Hohmann (1663–1732), das 1054 Hektar große Rittergut. 1832 fiel der Besitz an den Grafen Carl Friedrich Anton von Hohenthal (1803–1852), der die Linie Hohenthal-Püchau begründete.

Da die Grafenfamilie in Püchau residierte, stand das Schloss weitgehend leer. Im Herrenhaus waren die Wohnungen des Försters und Gutspächters untergebracht. 1923 bis 1939 nutzte die Höhere Mädchenschule Plauen das Schloss als Schullandheim. 1940 übereignete Carl Graf von Hohenthal-Püchau das Schloss der Stadt Mühltroff, die in dem ehemaligen Adelssitz notdürftig gestaltete Wohnungen für Flüchtlinge und Vertriebene einrichtete. 1955 lebten im Schloss 23 Familien mit insgesamt 75 Personen.

1995 wurde der Förderverein Schloss Mühltroff gegründet, der sich seither für eine kulturelle Nutzung des Schlosses einsetzteinsetzt, die nach dem Auszug der Mieter auch organisiert werden konnte. Der Heimat- und Wanderverein hat im Schloss eine Heimatstube eingerichtet. Eine Ausstellung widmet sich der Textilindustrie, die seit dem 19. Jahrhundert in Mühltroff verwurzelt ist. In der Schauwerkstatt ist ein noch funktionierender Jacquard-Webstuhl aufgebaut. Der Vogtländische Trachtenverein zeigt eine Trachtenausstellung. Ein eigener Ausstellungsteil ist dem berühmtesten Schlossherrn, Otto Carl Erdmann von Kospoth, gewidmet. Die Säle werden für Konzerte und Ausstellungen genutzt. Wenn lautere Musik gespielt wird, sei es Folk, Rock oder Blues, dann lädt der Verein in die Schwarze Küche ein, die mit ihrem verrußten Gewölbe der richtige Ort für ausgelassene Feiern ist.

Große Teile des Schlosses sind dringend sanierungsbedürftig, doch weder Stadt noch Förderverein wissen, wie die Baukosten aufgebracht werden sollen. Das Herrenhaus wurde bereits saniert, allerdings nicht durch die Stadt, sondern durch einen Privatmann, der den Schlossflügel 1999 erwarb.

SCHLOSS VOIGTSBERG

1249: Die Burg wird erstmalig urkundlich erwähnt. Gegründet wurde sie mit Bergfried und Wehrmauer vermutlich aber schon um 1230/40 von den Vögten von Straßberg.

1618 – 1648: Im Dreißigjährigen Krieg verwüsten die Truppen des gefürchteten Generals Heinrich von Holk die Burg. Sie wird mehrfach wieder aufgebaut.

1858: Der letzte kurfürstliche Amtmann übergibt das Schloss der Strafanstalt Zwickau. Es wird Arbeitshaus für Männer, ab 1878 ein Frauengefängnis.

1898 – 1900: Der Komplex wird umgebaut und erweitert. Aus der Zeit stammt beispielsweise das Torhaus.

1937: Ein Heimatmuseum öffnet in den Räumen der Burg.

Ab 1939: Gegen Ende des Zweiten Weltkriegs ist der Schlosskomplex ein Flüchtlings- und Durchgangslager. Es bleibt bis 1951 bestehen. Ein Jahr später wird dort ein Jugendwerkhof eingerichtet.

1961: Die NVA nutzt die Anlage als Kaserne. Im Besitz der Stadt Oelsnitz ist das Schloss seit 1967. Ein Jahr später öffnet wieder das Heimatmuseum. Das Kreisarchiv Oelsnitz zieht 1976 ein. Die Restaurierung und Sanierung des kompletten Ensembles beginnt 2001.

2010: Eröffnung des Teppichmuseums. Heute steht nur noch die Restaurierung des Bergfriedes aus, der nicht mehr begehbar ist.

Kontakt: Schloßstraße 32
08606 Oelsnitz/Vogtl.

Öffnungszeiten: Dienstag bis Sonntag, Feiertag: 11.00 bis 17.00 Uhr und nach Vereinbarung

schloss-voigtsberg.de

SCHLOSS VOIGTSBERG

Schloss Voigtsberg oberhalb des Dorfes Voigtsberg, das seit 1919 zu Oelsnitz/Vogtland gehört, ist nicht nur das Wahrzeichen der Stadt Oelsnitz, sondern auch einer der wichtigsten Erinnerungsorte in der Geschichte der Vogtlands. Schon der Name erinnert an die Herrschaft der Vögte. Allerdings bezieht er sich nicht auf die Vögte von Plauen, Weida und Gera, die das „Land der Vögte" formten, sondern auf die Vögte von Straßberg. Das reichsunmittelbare Ministerialengeschlecht kolonisierte, ausgehend von der Burg Straßberg bei Plauen, einen breiten Landstreifen im mittleren Vogtland und erschloss sich so einen eigenen Herrschaftsbezirk. Die Gründung der Burg Voigtsberg erfolgte um 1230/40. Die Herren von Voigtsberg konnten dem Druck ihrer mächtigeren Nachbarn nur knapp achtzig Jahre standhalten.

Nach einem Besitzerwechsel um 1320 erkaufte der böhmische König Heinrich von Kärnten (1265–1335) die Herrschaft Voigtsberg. Er vergab sie 1327 als Lehen an Vogt Heinrich III. von Plauen (um 1284–1347/48), der dadurch sein Herrschaftsgebiet beträchtlich erweitern konnte. Allerdings fielen Burg und Herrschaft Voigtsberg bereits 1356 an die Markgrafen von Meißen, die sich im Vogtland festsetzten und hier ihre Macht ausbauten. Nachdem Heinrich IV. von Plauen (1510–1554) 1547 weite Teile des Vogtlandes erworben hatte, ging das Gebiet um 1560 endgültig an Kursachsen über. Die Burg war fortan kursächsischer Amtssitz. Die Beamten, die hier die Zinsen und Steuern einnahmen, verwalteten das Amt Voigtsberg, das insgesamt 64 Dörfer sowie die Städte Adorf, Markneukirchen und Oelsnitz umfasste. Damit war Voigtsberg einer der wichtigsten Verwaltungsstandorte des sächsischen Vogtlands.

Lisa Hohberger, ehemalige Oelsnitzer Sperkenprinzessin. Die Sperken gehen auf eine Sage von den Oelsnitzer Spatzen zurück.

„Gefängnis für Weiber"

Die Burg des 13. Jahrhunderts teilte sich in eine Kernburg und eine vorgelagerten, durch einen breiten Graben abgeteilte Vorburg. Das älteste Bauwerk ist der Bergfried, der noch heute den Schlosshof beherrscht. Der freistehende Turm verdeutlichte die Macht der Vögte und war so angelegt, dass er im Angriffsfall gut verteidigt werden konnte. 1788 wurde der ehemals fast dreißig Meter hohe Bergfried um sieben Meter gekürzt. Das Kegeldach stammt aus dem 19. Jahrhundert. An die östliche Wehrmauer lehnt sich der Ostflügel mit dem Fürstensaal an. Die an der Hangseite auskragende Schlosskapelle ist dem heiligen Georg geweiht. Der zum Saal geöffnete Kapellenraum besitzt ein zierliches Rippengewölbe. Die feingliedrige gotische Architektur lässt eine Entstehung um 1330 unter Heinrich III. von Plauen vermuten.

Nach der Einnahme der Burg durch die Markgrafen von Meißen wurde die Kernburg zu einem wehrhaften Schloss ausgebaut.
Einerseits stärkte man die Verteidigungsmöglichkeiten, andererseits wurden die Gebäude erweitert, um die Burg als repräsentativen Amtssitz und zeitweilige Fürstenresidenz nutzen zu können. Drei Rundtürme als Flankierungsbastionen dienten der Abwehr von Feuerwaffen. 1356 wurde an den Palas der Kernburg der Ostflügel angefügt. 1505 folgte der Anbau des Westflügels. Weitere Umbauten erfolgten unter Kurfürst August von Sachsen (1526–1586). 1641 wurden die Gebäude bei einem Brand beschädigt, aber wiederaufgebaut. Im Palas der mittelalterlichen Burg liegt im ersten Obergeschoss der Rittersaal. Er wurde nach dem Brand von 1641 in drei Zimmer unterteilt, die der Amtmann des Amtes Voigtsberg nutzte. 1992 wurde wieder die ursprüngliche Raumgröße freigelegt. An den Wänden und an der Decke sind Reste der Ausmalung des 18. Jahrhunderts zu sehen. Im Erdgeschoss befand sich die Schlösserwohnung. Der Saal besitzt eine Fischgratdecke. Die profilierten Deckenbretter tragen eine ornamentale Bemalung von 1637. Im Obergeschoss des 1356 errichteten Ostflügels befanden sich ursprünglich zwei Räume, die Hofstube und der Große Saal. 1774 wurden diese Räume zusammengelegt. Es entstand der Fürstensaal, der das Obergeschoss des Ostflügels ausfüllt. 1898 entfernte man die Decke zwischen Erd- und Obergeschoss, um eine geräumige Anstaltskirche einzurichten. 2001 wurde wieder eine Decke eingezogen, um den Fürstensaal zurückzugewinnen. Der größte Raum der Burg wird heute für Veranstaltungen und für standesamtliche Trauungen genutzt.

Nach der Aufhebung des Amtes Voigtsberg wurden 1856 sämtliche Behörden nach Oelsnitz verlagert. Auf der Burg richtete man erst ein Männergefängnis und 1874 eine „Gefängnisanstalt für Weiber“ ein. Die Bauten der Vorburg stammen alle aus dem 19. Jahrhundert und waren mit der Gefängnisnutzung verbunden. 1924 wurde die Haftanstalt aufgelöst, doch folgten weitere gefängnisähnliche Nutzungen. Nach dem Zweiten Weltkrieg diente die Burg als Flüchtlingslager. In der DDR war auf der Burg ein Jugendwerkhof untergebracht, danach eine Kaserne der Nationalen Volksarmee (NVA), bis 1967 die Stadt Oelsnitz die Burg übernahm. In der Kernburg wurde das bereits 1937 gegründete Teppich- und Heimatmuseum wiedereröffnet, während in der Vorburg das „Polytechnische Kabinett“ der Oelsnitzer Schulen untergebracht war.

Illusorium und Teppichmuseum

2001 bis 2008 wurde das Schloss für zwölf Millionen Euro umfassend denkmalgerecht saniert. Die Kernburg wird seither ausschließlich museal genutzt. Man kann die historischen Räume sowie wechselnde Ausstellungen besichtigen. 2013 wurde in den Erdgeschossräumen das „Illusorium“ eröffnet. Die Schau zeigt Leben und Werk der Buchillustratorin Regine Heinecke. Im Fürstensaal finden unterschiedliche Veranstaltungen statt. Der Bergfried ist derzeit nicht begehbar. Das zweite Ausstellungsgebäude steht an der Westseite des oberen Schlosshofs, der sich aus der Vorburg entwickelte. Im Mädchenhaus, ehemals Gefängnis für junge weibliche Häftlinge, ist heute das Teppichmuseum untergebracht. Die Ausstellung erinnert an die Teppichherstellung in Oelsnitz, die sich Ende des 19. Jahrhunderts zum bestimmenden Wirtschaftszweig entwickelte. Aus der 1880 gegründeten Firma Koch & te Kock ging 1953 der VEB Halbmond hervor, der sich als größter Teppichproduzent der DDR einen Namen machte. Das Zuchthausgebäude an der Ostseite des vorderen Burghofs, erbaut Ende des 19. Jahrhunderts, setzt sich aus dem Zellenhaus und dem Faktureihaus zusammen. Seit 2005 ist im ehemaligen Gefangenentrakt das Historische Archiv des Vogtlands untergebracht. Im Nordflügel ist eine Gaststätte eingerichtet, zudem wird hier ein Historischer Kostümverleih betrieben.

BURG MYLAU

Um 1180: *Die Burg wird im Zuge der Besiedlung des Vogtlandes unter Kaiser Barbarossa als Herrschaftssitz errichtet.*

1367: *Kaiser Karl IV. besucht Mylau.*

1422: *Mylau geht an die Markgrafen von Meißen über.*

1460 – 1577: *Die Herrschaft Mylau ist im Besitz der Adelsfamilie Metzsch. Die Burg geht in bürgerliche Hände über.*

Nach 1808: *Mylau wird in eine Baumwollspinnerei umgewandelt.*

1892 – 1909: *Es erfolgt eine historisierende Instandsetzung der „Kaiserburg".*

1909: *In der Burg wird ein Museum eröffnet.*

1949 – 1990: *Zu DDR-Zeiten dient das Schloss als Wohngebäude, bevor es 1990 wieder in den Besitz der Stadt übergeht.*

1999: *Das Herrenhaus wird privat verkauft und wieder bewohnt. Der Rest der Anlage wird für Veranstaltungen genutzt und kann besichtigt werden.*

Kontakt: *Burg 1*
08499 Mylau

Öffentlich, aber bis Ende 2014 wegen Umbau geschlossen.

burg-mylau.de

BURG MYLAU

Die Burg Mylau ist die größte Burg des Vogtlandes. Die Bewohner des Städtchens Mylau sind stolz auf ihre „Kaiserburg", die auf einem steilen Berg thront und das Göltzschtal beherrscht. Der in Mylau beschworene Kaisermythos gründet sich auf Kaiser Karl IV. (1316–1378), der die Burg 1367 erwarb und im gleichen Jahr besuchte. Die kleine Burgsiedlung wurde von ihm zur Stadt erhoben.

Die Burg indes geht nicht auf Karl IV. zurück, sondern ist älter. Die Wehranlage entstand in der zweiten Hälfte des 12. Jahrhunderts, als die deutsche Besiedlung der umliegenden Rodungsgebiete begann. Mylau entwickelte sich zum Mittelpunkt eines Herrschaftsbereichs an der unteren Göltzsch, der 1212 als „Milin" bezeugt ist. Die Burg befand sich in der Hand der Reichsministerialen von Mylau, die im frühen 14. Jahrhundert ihren

Besitz aufgeben mussten. Kaiser Ludwig der Bayer (1281/82–1347) belehnte 1323 Heinrich II. Reuß von Plauen (um 1289–1350) mit der Burg Mylau und der Stadt Reichenbach. Nachdem die Reußen im Vogtländischen Krieg die Lehnshoheit der böhmischen Krone anerkannt hatten, nahm ihnen Kaiser Karl IV. den Besitz ab. 1422 verpfändete Kaiser Sigismund (1368–1437) die Herrschaft Mylau an die Wettiner. Mylau wurde nie wieder eingelöst und blieb seitdem sächsisch. Die um 1180 gegründete Burg sitzt wie eine Krone auf dem teilweise bewaldeten Berg über dem Göltzschtal. Die Türme gehen zum Teil noch auf das 12. und 13. Jahrhundert zurück. Sie sind rund oder eckig und haben ganz unterschiedliche Dachhauben, was dem Adelssitz ein malerisches Bild verleiht. Der älteste Teil der Wehranlage ist die im Südosten des Bergsporns gelegene Kernburg. Der runde Bergfried ist in die Ringmauer eingebunden. Seine 1772 aufgesetzte barocke Kuppelhaube überragt den Kernburgbereich. Der dreieckige Hof wird im Süden und Westen von gotischen Wohngebäuden begrenzt. Der untere Burghof ist aus der Vorburg hervorgegangen, die vermutlich in der zweiten Hälfte des 13. Jahrhunderts hinzugefügt wurde. An der Westseite erheben sich zwei Vierecktürme. Der Uhrenturm wird von einer steilen Haube bekrönt, die man vor 1725 aufsetzte, während sich über dem wuchtigen Roten Turm ein Zeltdach erhebt. Der dazwischenliegende dreigeschossige Bau mit Fachwerkobergeschoss stammt aus dem letzten Drittel des 18. Jahrhunderts. Die beiden Bastionen am Haupttor wurden wohl erst im 15. Jahrhundert ausgebaut.

Reformation im Vogtland

Der Übergang vom Verteidigungsbau zum Wohnschloss vollzog sich unter der Herrschaft der Familie von Metzsch. 1460 verkaufte Kurfürst Friedrich der Sanftmütige von Sachsen (1412–1464) das Schloss Mylau und die Stadt Reichenbach an die Metzsch, welche den Besitz bereits seit Ende des 14. Jahrhunderts als Amtleute verwaltet hatten. Der mit Martin Luther (1483–1546) befreundete und humanistisch gebildete Joseph Levin Metzsch (1505–1571) führte in Mylau die Reformation ein. Er nahm an der Kirchenvisitation teil, die im Vogtland die Reformation durchsetzte, und gilt deshalb als bedeutendster Burgherr in Mylau. Als er 1571 starb, teilten seine fünf Söhne die Herrschaft. Während Reichenbach und Friesen bei der Familie Metzsch verblieben, wurde Mylau 1577 an Nikol von Schönberg (1513–1592) aus Rothschönberg bei Nossen verkauft. 1638 erwarb der reiche Carol Bose (1596–1657) die Burg, um sie seinem ausgedehnten Grundbesitz im westlichen Erzgebirge und im Vogtland hinzuzufügen. 1772 verkaufte der letzte adlige Burgherr Christian August Edler von der Planitz die Herrschaft an den Kaufmann Christian Heinrich Petzold aus Greiz.

Sina Klausnitz, Restauratorin und Mitarbeiterin des Museums.

1792 übernahm Johann Friedrich Golle den Besitz. Ihn interessierte vor allem das zur Burg gehörende Vorwerk in Obermylau. Der Landwirt verlagerte den Wohn-, Verwaltungs- und Gerichtssitz auf den Gutshof und gab die Burg damit auf.

Die funktionslos gewordene Burg vermietete man als Fabrik und Warenniederlage. So betrieb der Mylauer Textilunternehmer Christian Gotthelf Brückner in den Burggebäuden zwischen 1808 und 1828 eine große Baumwollspinnerei. Infolge der industriellen Nutzung und mehrerer Brände verfiel die imposante Anlage immer mehr.

Der alte Glanz lebte auf, als die Stadt Mylau 1892 das Rittergut Mylau und damit auch die Burg kaufte. Die Instandsetzung der „Kaiserburg", die bis 1909 andauerte, war mit einem historisierenden Um- und Neubau der Burggebäude verbunden. Man wollte dabei den alten Kaisermythos wiederbeleben und ein sichtbares Bekenntnis zum neuen Kaiserreich abgeben. Der im Juni 1892 von wohlhabenden Bürgern gegründete „Verein für Wiederinstandsetzung und Erhaltung des alten Kaiserschlosses" unter der Leitung des Fabrikanten Robert Merkel (1850–1916) beschaffte die notwendigen finanziellen Mittel und führt die Baumaßnahmen durch. Neben Einzelspenden und Zuschüssen der Landesregierung war die Förderung durch den Minister Georg von Metzsch-Reichenbach (1836–1927), der die Burg Mylau als Stammsitz seiner Familie betrachtete, von großer Bedeutung. Die fachliche Leitung hatten die Architekten Julius Lindner (1848–1897), Gustav Riedel (gest. 1906) und Paul Schmidt aus Reichenbach. Die parkartige Gestaltung des Schlossbergs nahm Parkdirektor Rudolf Reinecken aus Greiz vor.

Rathaus mit Kaiserkrone

Neben dem Bergfried wurde 1894 bis 1896 anstelle des Palas der mittelalterlichen Burg das Rathaus der Stadt Mylau errichtet. Der stattliche Bruchsteinbau ist mit Architekturgliederungen aus Rochlitzer Porphyr verziert. Auf dem Giebel des Palas-Rathauses prangt die deutsche Kaiserkrone. Der Ratssaal, der bis in das Dach hineinragt, ist der repräsentativste Raum der Burg. Er ist mit einer holzvertäfelten trapezförmigen Decke und ornamentalen Wandbemalungen im Neorenaissancestil gestaltet. Als Vorbild diente der Festsaal auf der Wartburg. Das Trauzimmer im Erdgeschoss besitzt ein aufwendig bemaltes Kreuzrippengewölbe. Die Eingangshalle wird durch ein großes farbiges Bleiglasfenster belichtet, das Hofglasmaler Franz Xaver Zettler 1895 in München angefertigt hat. In einer gotischen Architekturrahmung zeigt es die Wappen des Deutschen Reiches, des Königreichs Sachsen und der Stadt Mylau. Die Stadtverwaltung ist 1966 aus der Burg ausgezogen; jedoch wird der aufwendig restaurierte Ratssaal heute wieder für Sitzungen des Stadtrats genutzt.

Im südlichen Teil der Burg richtete der Schlossbauverein 1892/93 die im „altdeutschen Stil" ausgestattete Schlossschänke ein. Der eindrucksvollste Raum war das Metzschzimmer. Die 1899 bis 1900 von dem Kunstmaler Richard Hanisch (1872–1918) geschaffene Ausmalung ist der vogtländischen Adelsfamilie Metzsch gewidmet. Auf den in dunkelblauem Grundton gehaltenen Wandflächen sind Gemälde zu sehen, die sowohl einen Bezug zur Familiengeschichte herstellen als auch die vier Jahres- und Tageszeiten symbolisieren. Dargestellt sind das Obere Schloss in Greiz (Frühling, Morgen), die Stadtkirche St. Peter und Paul in Reichenbach (Sommer, Mittag), Schloss Friesen (Herbst, Abend) sowie Schloss Netzschkau (Winter, Nacht). Über den Fenstern sind auf Goldgrund Beschriftungen angebracht. Die unteren Wandbereiche sind mit einer Holzvertäfelung verkleidet. Der rotbraune Holzton wird von der reich profilierten Kassettendecke aufgenommen, in deren Mittelfeld das Wappen der Familie Metzsch prangt. Die wertvolle Innengestaltung wurde in den 1980er Jahren restauriert.

Im unteren Burghof wurde 1895 der Rote Turm zum Aussichtsturm ausgebaut. An der Nordseite schuf man über der mittelalterlichen Wehrmauer eine wuchtige, historisierende Brüstung. Zwischen Kaiserhaus und Uhrenturm errichtete der Schlossbauverein 1906 bis 1908 einen Verwaltungsbau, den die Stadtverwaltung nutzte. Im zweiten Obergeschoss wurde 1909 das Museum der Stadt Mylau eröffnet. Damit war die überwiegend aus Spenden finanzierte Neugestaltung der „Kaiserburg" abgeschlossen. Leider betrachteten die nachfolgenden Generationen die Kunst des 19. Jahrhunderts als „hässlich" und „minderwertig", was dazu führte, dass die historisierenden Dekorationen in den 1950er-Jahren reduziert oder ganz vernichtet wurden. Erst in den 1980er Jahren kam es zu einer Neubewertung. So wurde bereits 1988 die abgestürzte Kaiserkrone wieder auf den Giebel des Palas-Rathauses gesetzt.

Heute wird die Burg als Museum genutzt. Die Ausstellung wurde 2013/14 grundlegend neu gestaltet.

Schlosskeller

SCHLOSS TREUEN

1608 – 1610: *Urban von Feilitzsch erbaut auf dem Gelände des Vorwerks Treuen ein Herrenhaus für sein künftiges Rittergut. Auf den Mauern eines Vorgängergebäudes wird ein reich verzierter Fachwerkaufbau mit zwei asymmetrischen Querhäusern und gemauertem Treppenturm errichtet – das heutige untere Schloss.*

1810: *Treuen unteren Teils wird an den bürgerlichen Gutsbesitzer Johann Gottlob Adler aus Coschütz verkauft.*

1918: *Der Fabrikant Ernst Julius Belger aus Schwarzenberg kauft das Gut Treuen unteren Teils.*

1945: *Der letzte Rittergutsbesitzer Karl Belger wird unter dem Vorwand, Waffen zu besitzen, vom sowjetischen Militär verschleppt. Er stirbt auf dem Transport in ein Straflager. Das Gut wird im Zuge der Bodenreform aufgeteilt und an Neubauern vergeben.*

1987/88: *Die Stadt Treuen beginnt die Sanierung an Turmhaube und Hauptdach, der Außenfassade, den Fenstern und Eingangstüren. Sie wird durch die Wende unterbrochen.*

1993: *Das Schloss wird an einen Nachfahren des letzten Gutsbesitzers verkauft. Die begonnenen Arbeiten werden nach kurzer Zeit abgebrochen, das Gebäude verfällt.*

2003: *Der Förderverein Schloss Treuen unteren Teils ersteigert das Wahrzeichen der Stadt und beginnt mit umfangreichen Sanierungsarbeiten.*

Kontakt: *August - Bebel - Straße 2*
08233 Treuen

Öffentlich, nur zu Veranstaltungen für Besucher geöffnet, außerdem nach Terminabsprache unter: 037468 - 25 85.

schlossverein.stadt-treuen.de

SCHLOSS TREUEN

Schlösser können motivieren, sie können Mut machen und Menschen zusammenführen. Welche erstaunliche Kraft in ihnen liegt, zeigt das Beispiel des Schlosses Treuen unteren Teils. Um den weiteren Verfall des „Fachwerkschlosses" aufzuhalten und eines der wichtigsten Baudenkmale des Vogtlands zu retten, gründeten Einwohner der Stadt Treuen den Förderverein Schloss Treuen unteren Teils, der 2003 das Bauwerk ersteigerte und seitdem eine schrittweise Restaurierung durchführt. Auch wenn noch viel zu tun ist, hat der Verein sichtbare Erfolge vorzuweisen: Die Bausubstanz wurde gesichert; im Schloss finden Schlossfeste und andere Veranstaltungen statt, mit denen der Verein finanzielle Mittel für weitere Baumaßnahmen einwirbt. „Dass wir soweit kommen, habe ich nicht geglaubt", gesteht Ulrich Leipoldt, der Vorsitzende des Fördervereins. In nur zehn Jahren konnte der gemeinnützige Verein die gesamte äußere Hülle des Schlosses sanieren.

Das Fachwerkschloss

Das Rittergut Treuen unteren Teils ist aus einem Vorwerk hervorgegangen, das ursprünglich zur Burg Treuen gehörte. Erbauseinandersetzungen führten dazu, dass die Familie von Feilitzsch, die seit 1510 auf Treuen saß, im 16. Jahrhundert mehrfach Besitzteilungen durchführte. Dadurch entstanden die beiden Rittergüter Treuen oberen und unteren Teils. 1608 begann Urban von Feilitzsch mit dem Bau eines Herrensitzes auf dem Gelände des Vorwerks. Über den Kellern eines Vorwerksgebäudes ließ er einen malerischen Wohnbau mit vorgesetztem Treppenturm errichten. Während das Erdgeschoss massiv ausgeführt wurde, hat man Obergeschosse und Dach in Fachwerkkonstruktion errichtet. Damit gehört der Herrensitz zu den wenigen erhaltenen „Fachwerkschlössern" in Sachsen. Das steile Satteldach wird von zwei unterschiedlich breiten Querhäusern durchdrungen, deren Giebel ebenfalls aus Fachwerk bestehen. Während die asymmetrischen Giebelstellungen den malerischen Eindruck unterstreichen, betont der steinerne Treppenturm auf der Hofseite den Herrschaftscharakter. Er erhebt sich auf rechteckigem Grundriss, geht dann ins Achteck über und besitzt eine geschweifte Haube mit Schieferdeckung. Die schwarzen Holzkonstruktionen und der dunkelgraue Schiefer heben sich kontrastreich von den weißen Putzflächen ab.

Das „Fachwerkschloss" wurde, wie die dendrochronologische Untersuchung (eine Datierungsmethode mit Hilfe von Baumringen) ergab, 1610 vollendet. Mit den Lehnbriefen, die 1612 für Urban von Feilitzsch auf Treuen unteren Teils und Moritz Rüdiger von Feilitzsch auf Treuen oberen Teils ausgestellt wurden, war die Herrschaftsteilung abgeschlossen.

Innen wurde bei den letzten Baumaßnahmen die ursprüngliche Raumgliederung freigelegt. Im Erdgeschoss liegt die Gerichtsstube. Die Deckenbalken und die dazwischenliegenden Deckenfelder sind mit einer barocken Stuckdekoration überzogen, die um 1705/10 entstanden sein dürfte. Nach der Aufhebung der Gerichtsbarkeit diente der Raum als Empfangs- und Festsaal des Rittergutsbesitzers. Die herrschaftlichen Wohnräume des Urban von Feilitzsch lagen im ersten Obergeschoss. Die „Grüne Stubenkammer", ein Schlafgemach, hat eine bauzeitliche Stuckdecke mit Stempelstuckornamenten. Die Decke wird durch Ornamentstreifen geometrisch gegliedert. In den Kassettenfeldern befinden sich Medaillons, die mit Hilfe von Modeln, in der Gusstechnik verwendeten Hohlformen, hergestellt wurden und Sterne, Tiere sowie florale Motive zeigen. Im zweiten Obergeschoss, das bereits im Dach liegt und relativ niedrig ist, hatte man ebenfalls herrschaftliche Wohnräume eingerichtet. In der oberen vorderen Stube lebten die Verwandten der Ehefrau des Urban von Feilitzsch aus der Familie von Wahren.

Die Deckenbalken sind mit Stuck umkleidet; zwischen den Balken wurden Kassettenfelder angelegt und diese mit Stempelstuck-Medaillons verziert. In der oberen hinteren Stube wurden Reste einer großflächigen Wandbemalung mit Jagddarstellungen entdeckt. Über dem ersten Dachgeschoss folgten noch zwei weitere Dachetagen, von denen die mittlere als Getreideboden diente, während im Spitzboden die Mägdekammern des Dienstpersonals lagen. Somit war das „Fachwerkschloss" bis unter das Dach genutzt.

Neobarock und Jugendstil

Die Herrschaft der Familie von Feilitzsch endete 1810, als die Brüder Heinrich Wilhelm Ferdinand, Julius Carl Moritz und Maximilian Julius von Feilitzsch das Rittergut Treuen unteren Teils an den bürgerlichen Rittergutsbesitzer Johann Gottlob Adler aus Coschütz verkauften. Von der Familie Adler, die mehrere vogtländische Rittergüter bewirtschaftete, ging der Besitz 1917 an den Holzgroßhändler Max Emil Fritzsch aus Chemnitz über, der im großen Stil Holz einschlug und damit Gewinn erzielte. Nach einem Jahr verkaufte er das Rittergut an den wohlhabenden Fabrikanten Ernst Julius Belger, Besitzer von Emaille- und Metallwarenfabriken in Schwarzenberg, Scheibenberg und Crottendorf. Er führte seine Geschäfte von Schwarzenberg aus und kam nur gelegentlich nach Treuen. 1939 vererbte er das Gut seinem Sohn Karl Belger. Dieser starb in einem sowjetischen Straflager, nachdem ihn die Besatzungsmacht im Sommer 1945 verhaftet hatte. Während das obere Rittergut in ein Volksgut umgewandelt wurde und damit als Besitzeinheit

Manfred Heckel, Ulrich Leipoldt, Ulrich Gruschwitz und Peter Braun (von links) vom Förderverein Schloss Treuen unteren Teils.

bestehen blieb, wurde das untere Rittergut an Neubauern aufgeteilt. Die Wirtschaftsgebäude, die den Gutshof umgaben, brach man 1947/48 zur Gewinnung von Baumaterial ab. Das nunmehr freistehende Schloss wurde von der Stadt Treuen als Wohnhaus genutzt.

1992 zogen die letzten Mieter aus. Im Jahr darauf erwarb Jörg Belger, ein Sohn des letzten Rittergutsbesitzers, das sanierungsbedürftige Schloss. Er hatte die Absicht, in dem denkmalgeschützten Gebäude ein Hotel einzurichten, doch scheiterte er an der Finanzierung.

Engagierte Bürger Treuens wollten sich mit dem Verfall ihres Wahrzeichens nicht abfinden und gründeten deshalb den Förderverein Schloss Treuen unteren Teils, der 2003 das „Fachwerkschloss“ übernahm. Mit Hilfe von Fördermitteln, aber auch durch bedeutende Eigenleistungen der etwa 130 Vereinsmitglieder konnten die vom Hausschwamm befallenen Fachwerkwände und Deckenkonstruktionen erneuert und gesichert werden. Das Dach wurde neu mit Schiefer gedeckt. Der Innenausbau steht noch aus. Die Vereinsmitglieder hoffen, die Räume nach und nach restaurieren und herrichten zu können. Der Verein zeigt im Schloss kleine Ausstellungen und bietet Führungen und Besichtigungen an. Im Kellergeschoss hat er sich einen Vereinsraum eingerichtet, der auch für größere Veranstaltungen nutzbar ist. Es ist den Vereinsmitgliedern zu wünschen, dass ihr Mut nicht nachlässt und dass das Schloss weiterhin Menschen begeistert und zusammenführt.

RITTERGUT SCHILBACH

1728: Das Herrenhaus des Schilbacher Rittergutes wird erbaut.

1912: Textilfabrikant Carl Siems kauft das Rittergut. Eigentlich will er es umbauen, was aber wegen der schlechten Bausubstanz nicht möglich ist. 1914 ist das neue Haus bezugsfertig. Die Familie Siems nutzt es nur am Wochenende und zu besonderen Anlässen.

1944: Die Handels- und Gewerbeschule Mönchengladbach wird nach Schilbach evakuiert. Im Mai 1945 besetzen zunächst US-amerikanische Truppen das Schloss. Im Juli übernimmt es die Rote Armee, die es wenige Wochen später an den Oelsnitzer Landrat übergibt.

1948: Das Schloss wird an den Landesvorstand der SED übereignet, bis 1955 dient es als Kreisparteischule.

1956-1991: Schilbach wird es vom Kreis Klingenthal als Altersheim genutzt. Danach befindet sich das Gebäude unter Verwaltung der Treuhand und steht mehrere Jahre lang leer.

1997: Der Obervogtländische Verein für Innere Mission Marienstift Oelsnitz kauft zunächst das Rittergut, ein Jahr später dann das Schloss, in dem 1999 eine Europäische Kultur- und Jugendbildungsstätte der Euregio Egrensis (Archa) eingerichtet wird. Zum Schilbacher Dorffest im Juni 1998 ist das Schloss erstmals wieder geöffnet.

2001: Die Erneuerung des Schlossparks wird abgeschlossen.

Kontakt: Am Heim 3
08261 Schöneck OT Schilbach

Die Anlage befindet sich im Besitz des Obervogtländischen Vereins für Innere Mission Marienstift e.V., der Park ist öffentlich zugänglich.

rittergut-schilbach.de

SCHLOSS SCHILBACH

Schloss Schilbach ist der wohl bedeutendste Neubau eines Herrensitzes im Vogtland aus der ersten Hälfte des 20. Jahrhunderts. Das repräsentative Bauwerk – eine Mischung aus Fabrikantenvilla und Residenzschloss – wurde 1912 bis 1914 nach Plänen der Leipziger Architekten Händel & Franke für Carl Siems aus Plaue bei Flöha errichtet.

Der wohlhabende Fabrikant, Teilhaber der von ihm gegründeten Tüllfabrik Flöha AG, erwarb das Rittergut 1912 von den Erben der verstorbenen Luise von Metzsch, geborene von der Lühe. Diese hatte das Gut durch Landzukäufe von 369 Hektar (1901) auf 1002 Hektar (1911) vergrößert. Schilbach war seither das größte Rittergut im Vogtland.

Für das Rittergut Schilbach lässt sich eine adlige Besitzerfolge nachweisen, die bis ins 19. Jahrhundert reicht. Der Hof war in der Hand der Adelsfamilien von Tettau und von Mangold und wurde 1830 an Christoph A. Becker, den Bürgermeister von Adorf/Vogtland, verkauft. Dieser schenkte den Hof seiner einzigen Tochter zur Hochzeit mit dem Leutnant Hans Eggert von der Lühe. Die aus diese Ehe hervorgegangen Tochter heiratete den Hauptmann Victor von Metzsch. Die Familie bewohnte ein barockes Herrenhaus aus dem 18. Jahrhundert.

Jugendstil und Reformkunst

Carl Siems ließ es abtragen, da es ihm zu wenig repräsentativ erschien. Die königlich sächsischen Bauräte Händel & Franke, die in Leipzig sowohl Villen als auch Industriebauten gestalteten, entwarfen einen großen, vielgestaltigen Bau in neobarocken Architekturformen. Dabei vereinten sie traditionsgebundene Motive mit Elementen des Jugendstils und der Reformkunst, die sich vor dem Ersten Weltkrieg herausgebildet hatte. Der Eingang auf der Hofseite ist durch einen dreigeschossigen Turm mit umlaufender Galerie und barocker Haube hervorgehoben. Die mächtige Portalumrahmung – mit dorischen Säulen, Ziervasen und einem Relief über dem Gebälk – besteht aus Muschelkalk. Die zum Park gerichteten Fassaden sind unterschiedlich behandelt, aber jeweils symmetrisch gebildet. In der Mittelachse wölbt sich ein Erker (Südseite) beziehungsweise ein Wintergarten (Ostseite) hervor. Das hohe Mansarddach soll an Schlösser des 18. Jahrhunderts erinnern. Zugleich wurde versucht, den Herrensitz als historisch gewachsene Anlage zu inszenieren. So gliedert sich an den Hauptbau ein niedrigerer Seitenflügel an; der Turm auf der Hofseite soll eine mittelalterliche Vergangenheit anklingen lassen. Um das Schloss erstreckt sich eine ausgedehnte Parkanlage.

Innen ist das Herrenhaus durchdacht. Über das mit Marmor ausgekleidete Entrée gelangt man in einen holzgetäfelten Vorsaal. Von dort führen Flügeltüren in die Halle, den zentralen Wohn- und Festraum des Hauses. Der riesige Saal reicht über zwei Stockwerke und besitzt eine neoklassizistische Kassettendecke. Über der mit braunem Holz vertäfelten unteren Partie erhebt sich eine Bogengliederung, die den Raum an drei Seiten umgibt. Hinter den Bögen verläuft der Flur des ersten Obergeschosses, der zugleich als Galerie dient. Man erreicht ihn über eine Treppe, die an der Nordseite verläuft.

Auf der Galerie steht eine eigens für Schloss Schilbach gefertigte Salonorgel. Der nach Osten gerichteten Fensterfront ist der verglaste Wintergarten vorgelagert. Um die Halle gruppieren sich Herrenzimmer, Damenzimmer, Musikzimmer und Bibliothek, die ebenfalls aufwendig ausgestattet wurden. Die Vertäfelungen, Parkettböden, Öfen und Kamine sind größtenteils erhalten geblieben. In der Bibliothek wurden Decke und Wandschränke aus hellem Holz gefertigt, in das dunkle Intarsien eingelassen sind. Die ausschließlich privaten Wohnräume lagen im Obergeschoss und im Dachgeschoss.

Einspruch abgelehnt

Die Familie Siems wohnte in Plaue bei Flöha, so dass das Herrenhaus in Schilbach nur als Sommerhaus und Jagdsitz genutzt wurde. Den Gutsbetrieb führte ein Pächter. Nachdem Carl Siems 1937 gestorben war, fiel der Grundbesitz an seine Witwe Marianne Siems. Im Juni 1945 übernahm die sowjetische Militärverwaltung das Rittergut. Am 18. September 1945 erfolgte die Aufteilung des Grund und Bodens. Marianne Siems erhob dagegen Einspruch. Das Rittergut Schilbach sei kein „feudal-junkerlicher Großgrundbesitz", da ihr Mann das Gut aus dem Ertrag rechtschaffener Arbeit erworben habe. Der Einspruch wurde ebenso abgelehnt wie das Ansinnen, einen Teil des Hofes für ihre Kinder und Schwiegerkinder zu behalten.

Marianne Siems wurde verhaftet und auf die Insel Rügen deportiert, kehrte aber 1946 nach Plaue bei Flöha zurück. 1947 verließ sie die sowjetische Besatzungszone. Die Familie Siems behielt nach ihrer Enteignung nur ihre Vermögensteile in der amerikanischen Besatzungszone. Dazu gehörte Wald bei Ebnath in der Oberpfalz, den die Tüllfabrik Flöha AG 1933 nach dem Verkauf von Unternehmensbeteiligungen erworben hatte. 1947 wurde der Sitz der Aktiengesellschaft nach München verlegt. Das Unternehmen firmiert heute als Forst Ebnath AG und betreibt Forstwirtschaft.

Im Herrenhaus unterhielt die SED von 1948 bis 1955 eine Kreisparteischule für die Kreise Auerbach, Oelsnitz und Klingenthal. 1956 wurde ein Altersheim für „verdiente Werktätige" eingerichtet. 1977 übernahm der Kreis Oelsnitz das Altersheim. 1991 wurde die Einrichtung geschlossen, so dass Herrenhaus und Gutsgebäude zum Verkauf standen. 1996 kaufte der Obervogtländische Verein für Innere Mission Marienstift Oelsnitz die Gutsgebäude und zwei Jahre später auch das Herrenhaus. 1999 wurde in Schilbach eine Bildungseinrichtung eröffnet, die den Namen „Archa Europäisches Kultur- und Jugendbildungszentrum" trägt. Die Archa betreibt eine Tagungsstätte für Seminare, Schulungen und Workshops, vermietet das Herrenhaus für Feierlichkeiten und beherbergt Jugendgruppen und Schulklassen. Die Einrichtung hat einen christlichen Charakter, doch richten sich die Angebote an eine breite Öffentlichkeit. Die Halle und die umliegenden Zimmer im Erdgeschoss des Herrenhauses werden als Veranstaltungsräume genutzt; die ehemaligen Wohnräume im Ober- und Dachgeschoss sind als Mehrbettzimmer eingerichtet.

SINE
SOLE
NIHIL

SCHLOSS SCHÖNBERG

1261: *Der Name Schönberg taucht erstmals auf – für eine Wasserburg. Ein Spross des Adelsgeschlechts der Neuberger wohnt in einem massiven Wehrturm. Den gibt es heute noch: Er ist das mächtige Treppenhaus des Schlosses.*

1484: *Die Reitzensteins kommen in den Besitz des Gutes. Sie halten es 461 Jahre lang – bis zur Enteignung 1945. Die letzte Besitzerin ist Pia Magyari von Reitzenstein, Jahrgang 1876. Wie viele Rittergutsbesitzer Sachsens wird sie nach Rügen deportiert, wo sie noch 1945 stirbt. Dabei hätte sie gar nicht enteignet werden dürfen: Durch ihre Heirat hatte sie die ungarische Staatsbürgerschaft.*

1563: *Das heutige Schloss wird erbaut. Die Jahreszahl ist auf dem Scheitelstein über dem Haupteingang zu lesen. Das Herrenhaus weist einen spätgotischen Erker und eine Sonnenuhr auf.*

1949 – 1990: *In der DDR dient das Schloss als Wohnung, Gemeindeamt, Schule, Post, Kino, Bücherei, Kinderferienlager. Der Bauzustand verschlechtert sich. Zur Wendezeit ist nur noch ein Raum belegt: Der alte Holzschnitzer Arno Hoyer hatte das Zimmer neben dem Haupteingang genutzt.*

Ab 1990: *Erst gibt es Pläne, Schönberg zum Hotel und Atelier umzubauen. Doch erst der Kauf durch Günther Rubner zum Jahreswechsel 1999/2000 eröffnet dem heruntergekommenen ersten Haus von Schönberg wieder eine Perspektive.*

Kontakt: *Schlossplatz 1*
08648 Bad Brambach OT Schönberg

In Privatbesitz, aber Besichtigung möglich.
Öffnungszeiten: Freitag, Samstag, Sonntag und Feiertage jeweils ab 14.00 Uhr Cafébetrieb, 16.00 Uhr Schlossführung
Januar und Februar geschlossen

schloss-schoenberg.info

SCHLOSS SCHÖNBERG

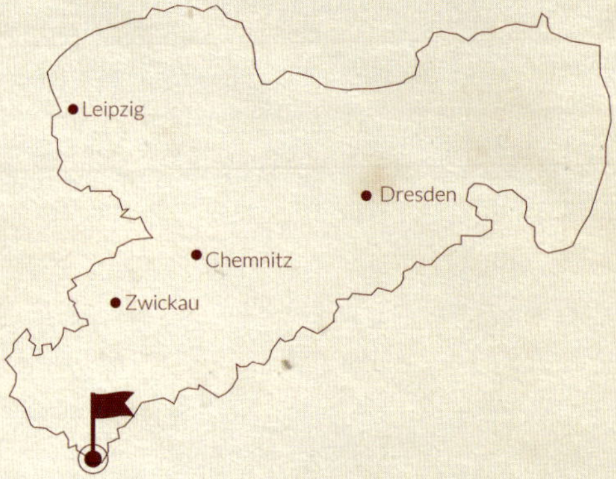

Schönberg, heute Ortsteil von Bad Brambach, ist der südlichste Ort Sachsens. Die tschechische Grenze ist nur einen Katzensprung entfernt. Der Ort wird von Sachsens südlichstem Schloss beherrscht. Hervorgegangen aus einer Burg mit Wehrturm, strahlt der hell gestrichene Adelssitz heute südländisches Flair aus. Hildegard und Günther Rubner haben den Herrensitz, der schon fast zur Ruine verkommen war, vor dem Verfall gerettet und zu einem echten Schmuckkästchen gemacht.

Entstanden aus einer Wasserburg

Das Schloss Schönberg ist aus einer Wasserburg hervorgegangen, die wohl in der Mitte des 13. Jahrhunderts angelegt wurde. Im Kern der Schlossanlage erhebt sich ein 20 Meter hoher quadratischer Burgturm, der möglicherweise als Wohnturm diente. Er ist heute ringsum umbaut und nimmt das Treppenhaus auf, über das man die Obergeschosse der Schlossanlage erreicht.
1485 gelangte der Adelssitz an das oberfränkische Geschlecht von Reitzenstein, das 1759 in den Freiherrenstand erhoben wurde und bis 1945 die Herrschaft über Schloss und Rittergut innehatte. In der zweiten Hälfte des 16. Jahrhunderts ließen die von Reitzenstein den Burgturm mit weiteren Gebäuden umgeben. Das Erdgeschoss des fünf Fensterachsen breiten Südflügels wurde zwischen 1550 und 1563 erbaut; der dreigeschossige Ausbau erfolgt wohl im 17. Jahrhundert. Durch aufgemalte senkrechte Pilaster und waagerechte Gesimsstreifen erfolgte eine regelmäßige Fassadengliederung. In der Mittelachse befindet sich das Hauptportal, das man über eine Freitreppe erreicht. Über dem Portal ist die Jahreszahl MDLXIII (1563) vermerkt. Der rechts angebrachte, kleine rechteckige Erker erweitert eines der Wohnzimmer im Obergeschoss. Über Seitentrakte ist der Südflügel mit dem gegenüberliegenden Nordflügel verbunden, der ein Geschoss niedriger ist. Ein durchgehendes Dach verbindet die Bauteile. Sie formen zusammen ein in etwa rechteckiges Gebilde, aus dem das achteckige Obergeschoss des mittelalterlichen Turms hervorragt.

Einer der herrschaftlichen Wohnräume.

Schlossherrin Hildegard Rubner.

Die herrschaftlichen Wohnräume in den Obergeschossen des Südflügels besitzen aufwendige frühbarocke Stuckdecken, die sich in das späte 17. Jahrhundert datieren lassen. Leider ist nicht bekannt, welcher Herr von Reitzenstein die aufwendigen Stuckarbeiten ausführen ließ. Auf der Decke des Festsaals ist die Göttin Diana als Jägerin dargestellt, während die Allegorien in den Medaillons für die vier damals bekannten Kontinente, die vier Jahreszeiten und die vier Tageszeiten stehen. Die mit gefärbtem Stuck umkleidete Decke des Erkerzimmers zeigt die Geschichte von Diana und Aktäon. Der Jäger Aktäon soll Diana und die Nymphen beim Baden beobachtet haben. Zur Strafe von Diana in einen Hirsch verwandelt, wurde er von seinen eigenen Jagdhunden gestellt und getötet. Die Jagdmotive wurden ausgesucht, weil die Jagd zu den herrschaftlichen Vorrechten gehörte und als Symbol der Herrschaftsausübung verstanden wurde. Auch die Fensternische ist mit Stuckarbeiten ausgekleidet. In das Rankenwerk sind zwei Porträtmedaillons eingelassen, wohl Bildnisse des Rittergutsbesitzers und seiner Ehefrau.

In den 1880er-Jahren nahm Hans Freiherr von Reitzenstein (gest. 1893) am Schloss umfangreiche bauliche Veränderungen vor. In den Turm wurde ein repräsentatives Treppenhaus mit einer umlaufenden Treppe aus Granitstufen, ionischen Säulen in den Ecken und einem gusseisernen Geländer eingebaut. Um das Treppenhaus zu belichten, wurde eine Glasdecke eingebaut. Der Turm erhielt ein achteckiges Obergeschoss mit kleinen ovalen Fenstern und ein spitzes Zeltdach. Der Wassergraben um das Schloss wurde verfüllt; anstelle der steinernen Brücke, die zum Eingang führte, legte man eine zweiläufige Freitreppe an.

Café und Museum

Das Rittergut Schönberg war eines der größten im Vogtland. Es umfasste 798 Hektar Land, davon überwiegend Forst. Die letzte Gutsbesitzerin, Margarete Pia Freifrau von Reitzenstein (1876–1945), heiratete 1897 den entfernt verwandten Freiherrn Ferdinand von Reitzenstein. Nach dem Scheitern der Ehe vermählte sie sich 1908 mit dem ungarischen Offizier und Gutsbesitzer Bela von Magyary, mit dem sie fortan in Ungarn lebte. Aber auch diese Ehe wurde geschieden. Pia von Reitzenstein-Magyary kehrte 1920 nach Schönberg zurück. Sie und ihr Personal bewohnten das Schloss bis Oktober 1945, als die sowjetische Besatzungsmacht die Enteignung des damals nur noch 540 Hektar großen Ritterguts verfügte. Die betagte Frau von Reitzenstein wurde auf die Insel Rügen deportiert, wo sie an Entkräftung starb. Nach Beschluss der Landesbodenkommission sollte das Schloss zu Baumaterialgewinnung abgetragen werden, was die Gemeinde Schönberg jedoch verhindern konnte.

1950 wurde das Schloss der Gemeinde übertragen, die den ehemaligen Adelssitz als Schule, Wohnhaus, Gemeindehaus, Post, Bücherei und Kinderferienlager nutzte, bis das aufgrund des schlechten Bauzustands nicht mehr möglich war. 1990 wurde eine Notsicherung durchgeführt. Nach einer ersten Privatisierung, die keinen Erfolg hatte, fiel das Anwesen wieder an die Gemeinde zurück, die das Schloss 1999 an den in Schönberg geborenen Unternehmer Günther Rubner verkaufte. Nach einer kostenaufwendigen Sanierung von Dach und Fassaden wird das Schloss als Café und Museum genutzt; die Innenräume werden nach und nach restauriert.

Günther und Hildegard Rubner haben sich mit dem Schönberger Schloss einen Traum erfüllt. Um die leeren Räume zu füllen, erwarben sie den Nachlass des Schriftstellers Richard Hohbaum aus Wernigerode. Die historischen Möbel und Gemälde im zweiten Obergeschoss, die Bücher, archäologischen Funde und anderes wertvolles Inventar stammen aus seinem Besitz. Das Schlosscafé im Erdgeschoss ist an den Wochenenden geöffnet; zudem werden Führungen durch das Schloss angeboten.

Nach einem langwierigen Rechtsstreit wurden 2003 die in staatliches Eigentum übergegangenen Ländereien des Ritterguts Schönberg an die Erben der letzten Rittergutsbesitzerin zurückgegeben. Sie konnten nachweisen, dass die Enteignung rechtswidrig war, weil Pia von Reitzenstein-Magyary die ungarische Staatsbürgerschaft innehatte.

Die Forstflächen werden von derForestris AG in Brotenfeld bewirtschaftet; die Erträge werden auf Wunsch der in den USA lebenden Erben für gemeinnützige Zwecke in Schönberg verwendet.

GUT NEUMARK

1225: Burg Neumark, eine Befestigung der Reußen von Plauen, wird erstmals urkundlich erwähnt. Die Burg wird um 1354 im Vogtländischen Krieg durch Kaiser Karl IV. zerstört. Kurz nach dem Krieg wird ein neues Schloss auf Gut Neumark gebaut.

1478: Neumark geht an Martin Römer aus Zwickau über, den Stammvater der Adelsfamilie von Römer.

Nach 1636: Das Schloss wird erweitert und umgebaut.

1812: Napoleon Bonaparte reitet mit seinem Gefolge an Gut Neumark vorbei und verliert eine Truhe, die die Kriegskasse enthält. Sie wurde lange im Herrenhaus aufbewahrt und ist derzeit auf Burg Mylau ausgestellt.

1872: Das Schloss wird abermals umgebaut und um einen englischen Landschaftspark erweitert.

1945: Die Familie von Römer wird enteignet, das Rittergut wird in ein Volksgut umgewandelt.

1952: Im Schloss wird ein Heim für geistig behinderte Kinder eingerichtet

1993: Benno von Römer kehrt nach Neumark zurück und gründet Gut Neumark. 2001 erwirbt er auch das sanierungsbedürftige Schloss.

Kontakt: Kirchplatz 5
08496 Neumark

In Privatbesitz, aber Räume können für Veranstaltungen genutzt werden.

gut-neumark.de

GUT NEUMARK

Mit der Bodenreform, die 1945 in der sowjetischen Besatzungszone durchgeführt wurde, wollte man die „Feudalklasse" für immer auslöschen. Das ist – zum Glück – nicht gelungen. Nach dem Ende der DDR kehrten einige der enteigneten und vertriebenen Adelsfamilien in ihre alte Heimat zurück. Obwohl der verlorene Besitz nicht zurückerstattet wurde, sondern teuer erkauft werden musste, gelang es, mehrere Rittergüter wiederzubeleben. Dazu gehört auch das Rittergut Neumark. 1993 pachtete Benno von Römer, der Enkel des letzten Rittergutsbesitzers Friedrich von Römer, die landwirtschaftlichen Flächen des ehemaligen Volksguts Neumark, das nach der Enteignung aus dem Rittergut gebildet worden war. 1998 konnte er Land und Gutshof zurückkaufen. Aus historischer Verantwortung erwarb Benno von Römer 2001 auch das Schloss, in dem noch bis 2004 eine Anstalt für Kinderpsychiatrie eingerichtet war. Die Familie bewohnt das Verwalterhaus auf dem Rittergutshof.

Neumark ist eine Gründung der Vögte von Weida. Zusammen mit der Burg entstand im frühen 13. Jahrhundert eine unbefestigte Marktsiedlung. Im 14. Jahrhundert gehörte Neumark zu den landesherrlichen Befestigungen der Reußen von Plauen, die ihren Herrschaftsbereich im nördlichen Vogtland erweiterten. Allerdings wurde die Burg 1354 im Vogtländischen Krieg zerstört. Nach dem Aussterben der Ronneberger Linie der Reußen fiel Neumark an die Wettiner.

Adelssitz auf der Höhe

Der Adelssitz ist auf einer Anhöhe westlich des Stadtkerns zu finden. Die steilen Hänge, die das Schlossgelände sichern, machten es erforderlich, den Wirtschaftshof unterhalb der Geländestufe anzulegen. Das Schloss besteht aus vier Flügeln mit schlichten, schmucklosen Putzfassaden und einfachen Dächern. Der Südflügel wird durch einen drei Fensterachsen breiten Mittelrisalit betont, der deutlich hervortritt und mit einem Dreiecksgiebel bekrönt ist. In den äußeren Fensterachsen waren Portale ausgebildet, über die man das Schloss betrat.

Leider sind diese nach 1945 zu einfachen Türen umgebildet worden. Über einem der Portale war eine spätgotische Wappentafel mit Ritterhelm und Rankwerk von Martin Römer (um 1432 – 1483) angebracht. Der einflussreiche und kluge Kaufmann und Bergwerksbesitzer war durch den Silberbergbau in Schneeberg zu sagenhaftem Reichtum gekommen. Er war an mehreren Gruben beteiligt, nahm als Zehntner den Anteil des Silbers ein, der den Landesfürsten zustand und betrieb einen weit reichenden Handel mit Rohsilber. 1475 wurde er Amtshauptmann in Zwickau. 1470 erhielt er einen kaiserlichen Wappenbrief und begab sich 1476 im Gefolge von Herzog Albrecht dem Beherzten auf Pilgereise nach Jerusalem, wo er zum Ritter geschlagen wurde. Deshalb enthält das Wappen der Familie zwei gekreuzte Pilgerstäbe. Martin Römer investierte sein Geld in Grundbesitz, kaufte mehrere Rittergüter in der Umgebung von Zwickau und wurde durch Einrichtung zahlreicher Stiftungen zum Wohltäter der Stadt. Noch heute wird in Zwickau die Martin-Römer-Ehrenmedaille für besondere Verdienste verliehen. 1478 erwarb er den Herrensitz in Neumark. Auf ihn gehen die Schlossgebäude zurück, die um 1478/79 in spätgotischer Gestalt errichtet worden. Die Datierung ergibt sich aus der Inschrift auf dem Wappenrelief,

Dorothee und Benno von Römer, Gutsbesitzer.

die die Jahreszahl 1479 enthielt. Es ist möglich, dass die Vierflügelanlage bereits 1479 vollständig ausgebildet war. Martin Römer starb 1483, ohne Kinder zu hinterlassen, so dass Neumark der mitbelehnten Familie von Wolframsdorf zufiel.

1612 kaufte Moritz Haubold von Schönberg, ein Vorfahre der heutigen Gutsbesitzerin, den Herrensitz, der allerdings 1633 – im Dreißigjährigen Krieg – zerstört wurde. 1636 kam dieser durch Jobst Christoph von Römer d. Ä., Oberaufseher der Saale-, Elster- und Weißeritzflößerei, das Rittergut Neumark in die Familie zurück und blieb fortan in der Hand der Familie von Römer. Unter

seiner Herrschaft wurde das verwüstete Schloss wiederaufgebaut und zur heutigen Größe erweitert. Die Vierflügelanlage erhielt ein schlichtes Fassadenbild, das jedoch durch einzelne frühbarocke Architekturelemente, etwa die Rustikaeinfassungen der Portale, aufgewertet wurde.

Das Rittergut Neumark befand sich über drei Jahrhunderte in gemeinschaftlichem Besitz mehrerer Mitglieder der Familie von Römer, die jeweils Anteile innehatten. Die Verwaltung nahm der Geschlechtsälteste vor, der im Schloss wohnte. Die herrschaftlichen Wohnräume lagen im ersten Obergeschoss des West- und Südflügels. Das Esszimmer war mit üppigen Holzschnitzereien verziert. Die geschnitzten Schmuckfriese und Supraporten waren als Ranken, Girlanden und Fruchtgehänge gestaltet. Eine Besonderheit sind die aus Lindenholz geschnitzten Hohlsäulen. In einem Wandfeld prangte das Wappen der Familie von Römer mit dem Monogramm CR. Es verweist auf Georg Christoph von Römer (1653 – 1705), der die Schnitzereien um 1690 von Johannes Haupt herstellen ließ. Einen letzten großen Umbau des Schlosses nahm der königlich sächsische Kammerherr Julius von Römer (1847 – 1923) vor, der als Senior des Geschlechts über fünfzig Jahre den gemeinschaftlichen Besitz verwaltete. Um 1872 erhielten die Hoffronten aufwendige Bogengliederungen im Neorenaissancestil. Dem Westflügel wurde ein Arkadengang vorgesetzt, zudem wurde ein Treppenturm eingebaut. Um das Schloss ließ Julius von Römer einen großzügigen Landschaftspark anlegen. Die Familie von Römer bewohnte das Schloss bis zur Enteignung im Oktober 1945.

Landwirtschaft mit Hofladen

Infolge der Bodenreform wurde der umfassende Besitz verstaatlicht. Man teilte es nicht an Neubauern auf, sondern richtete ein Volksgut ein, das auch die landwirtschaftlichen Nutzflächen und den Viehbestand übernahm. Dadurch blieb das Rittergut von einer Zerstückelung verschont und ist heute als Gesamtanlage erhalten. 1993 kehrte Benno von Römer nach Neumark zurück. Er gründete den Land- und Forstbetrieb Gut Neumark, zu dem auch eine Schäferei gehört. Der Rittergutshof, zu dem heute ca. 400 Hektar Landwirtschaft und 1200 Hektar Wald gehören, dient als Betriebshof. Benno und Dorothee von Römer bewohnen das sanierte Verwalterhaus, in dem die Handschrift des Bruders und Restaurators Alvo von Römer unübersehbar ist.
Einkaufserlebnis verspricht der aufwendig sanierte ehemalige Schafstall, in dem 2014 ein Hofladen mit Veranstaltungslocation neu eröffnet wurde. Hier werden u. a. eigene Produkte wie Schafwolle, Lamm aus der Schäferei und Wild aus dem Forst angeboten. Durch Veranstaltungen wie den Weihnachts- oder Ostermarkt kommt Leben auf den Hof.

Seit jüngstem interessiert sich auch der Bund für Schloss Neumark, mit dessen Unterstützung eine umfangreiche Trockenlegung des Gebäudes möglich wurde. Im Zusammenhang damit wurde auch der Schlossinnenhof mit seinen reich gegliederten Putzelementen, Arkaden und dem Treppenturm saniert. Bei den Bauarbeiten kamen in Decken und Fehlböden erstaunliche Funde zu Tage. Angefangen von einer prachtvollen Holzbalkendecke aus dem 15. Jahrhundert über Reste von alten Öfen und Kristallleuchtern bis hin zu Bruchstücken der Schnitzwerke. Auch Bruchsteinmauern geben neue Erkenntnisse. Es scheint gerade so, als ob ein Stück Geschichte neu oder zumindest ergänzend geschrieben werden muss.

SCHLOSS LEUBNITZ

1762: Ein Brand zerstört das alte Herrenhaus. Heinrich Wilhelm von Kospoth lässt deshalb 1794 ein neues Schloss errichten.

1939 – 1945: Während des Krieges wird im Schloss ein Notkrankenhaus eingerichtet. Schloss Leubnitz ist als eines von wenigen Rittergütern im Vogtland bis 1945 durchgehend in adligem Besitz. Der letzte adlige Eigentümer ist Eberhard von Kospoth, der im Januar 1945 in Oberschlesien fällt.

Nach 1945: 15 Familien finden im Schloss ein Zuhause.

1952 – 1998: Die Schule ist im Schloss untergebracht. 1977 werden umfangreiche Restaurierungsarbeiten durchgeführt, wobei vor allem die Außenfassade erneuert wird. Aufgrund der vielfältigen Nutzung gibt es kaum originale Einrichtungsgegenstände im Haus.

1992: Das Schloss wird Eigentum der Gemeinde. Schmuckstück des Hauses ist der Weiße Saal, der früher als Festsaal diente und in dem heute die Leubnitzer Konzerte stattfinden.

In den letzten Jahren ist das Dach erneuert und das Kreuzgewölbe zu Ausstellungsräumen ausgebaut worden. Im Haus gibt es Fahrstuhl und Behindertentoiletten. Neben Kita und Gemeindeverwaltung befindet sich eine Natur- und Jagdausstellung im Haus.

Kontakt: Am Park 1
08539 Rosenbach/Vogtland OT Leubnitz

Öffnungszeiten:
Montag bis Donnerstag: 9.00 bis 13.00 Uhr
Dienstag, Mittwoch, Samstag, Sonntag, Feiertage: 13.00 bis 16.00 Uhr
Führungen anmelden unter: 037431 - 86 02 9

schloss-leubnitz.de

SCHLOSS LEUBNITZ

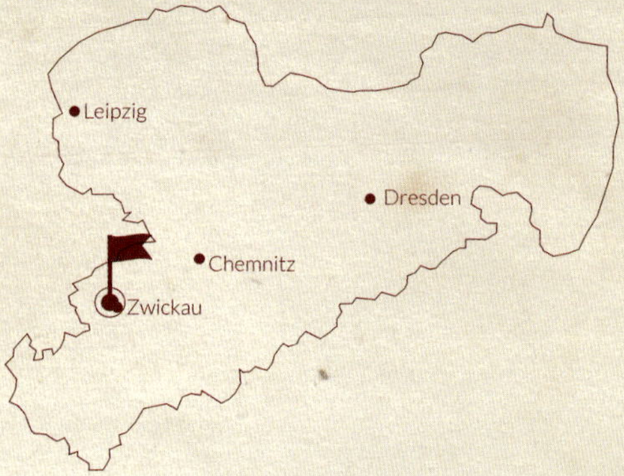

Schloss Leubnitz ist eines der bedeutendsten Baudenkmale des ausgehenden 18. Jahrhunderts in Sachsen und wegen seiner historischen und künstlerischen Bedeutung heute in öffentlicher Nutzung. Im Weißen Saal finden die „Leubnitzer Konzerte“ statt; auf zwei Etagen kann seit 2003 eine Naturkundeausstellung besichtigt werden. Die Gewölberäume des Erdgeschosses werden als Galerie genutzt.

Leubnitz war – als eines der wenigen Rittergüter im Vogtland – bis 1945 durchgehend in adligem Besitz. Auf die Familie von Röder folgten 1574 die von Trützschler und 1609 die von Bodenhausen.
1764 heiratete Carl Erdmann von Kospoth die Rittergutsbesitzerin Ottonie Eleonore Freiin von Bodenhausen, wodurch Leubnitz an die aus Thüringen stammende Familie von Kospoth gelangte.

Schlicht, aber anmutig

Da das alte Herrenhaus 1762 durch einen Brand zerstört und danach nur notdürftig wiederhergestellt worden war, ließ Heinrich Wilhelm von Kospoth 1794 ein neues Schloss errichten. Es steht über einer Talmulde und wendet sich mit seinem Haupteingang dem Rittergutshof zu. Der mit einem Mansarddach bedeckte Bau besitzt eine strenge, klare Architekturgliederung, die noch dem Barockstil zuzurechnen ist. Der farbige Anstrich betont das Fassadenrelief mit den dreizehn gleichmäßig angeordneten Fensterachsen, die durch Lisenen (schmale Mauerverstärkungen) voneinander getrennt sind. Wenn man durch den Landschaftspark spaziert, in den die sanft gewellte Talmulde unterhalb des Schlosses einbezogen wurde, dann ergeben sich immer wieder schöne Ausblicke auf den barocken Adelssitz, bei dem sich strenge Einfachheit mit beschwingter Anmut verbinden.

Das Portal auf der Hofseite wurde 1891 erneuert. Wappen und Monogramme erinnern an den sächsischen Generalleutnant Sylvio von Kospoth (1852–1939) und seine Gemahlin Angela von Schönberg (1871–1959), die nach ihrer Hochzeit 1891 das Schloss neu ausstatten ließen. Über Eingangshalle und Treppenhaus gelangt man ins Obergeschoss. Dort wurde um 1900 eine holzgetäfelte Diele eingerichtet. Ein Bleiglasfenster von Urban & Goller aus Dresden zeigt Jagdmotive. Von der Diele gelangte man in den Weißen Saal, der früher als Festsaal diente und heute für Konzerte genutzt wird. Er bezaubert durch seine elegante, 1794 geschaffene Raumfassung mit farbigen Wandfeldern und Ziergehängen. Die Wände sind mit Stuckmarmor (Stuccolustro) überzogen, der so raffiniert ausgeführt ist, dass man echten Marmor vermutet. Im Dekor klingt der edle klassizistische Stil an, der um 1800 den ausklingenden Barockstil verdrängte. In den beiden Ecknischen stehen schöne Öfen; der Konzertflügel stammt noch aus der Erbauungszeit des Schlosses.

Das Rittergut Leubnitz umfasste 440 Hektar Land, davon die Hälfte Wald. Aufgrund einer Umschuldung in den 1930er-Jahren verminderte sich die Forst- und Ackerfläche auf 280 Hektar. Der letzte Eigentümer war Eberhard von Kospoth (1892–1945), der als Regimentskommandeur im Januar 1945 in Oberschlesien fiel. Er hatte seinen Neffen Sylvio von Kospoth (geb. 1939) zum Erben eingesetzt, der jedoch infolge der Bodenreform den Hof nie übernehmen konnte. Die betagte Angela von Kospoth und ihre Familienangehörigen wurden im November 1945 verhaftet und in das Sammellager Coswig bei Dresden deportiert, jedoch bald wieder freigelassen. Nach ihrer Rückkehr mussten sie das Leubener Schloss räumen. Mit Ausnahme der unverheirateten Angela von Kospoth (1898–1971), die die Villa Elsenlinde in Leubnitz bewohnte, verließ die Familie die sowjetische Besatzungszone. Im Schloss richtete man eine Schule und einen Kindergarten ein.

Natur und Kultur

Der Kindergarten ist heute in einem neu errichteten Seitengebäude untergebracht. Die Schule musste 1998 schließen. Dann stand das Schloss leer. 2003 wurde in den Obergeschoss- und Dachgeschossräumen die Ausstellung „Natur und Jagd“ eröffnet, die über den heimischen Wald und seine Nutzung informiert. Die Trophäen und ausgestopften Wildtiere wurden von zwei jagdbegeisterten Sammlern aus dem Vogtland gestiftet. Wegen von Schwammbefall erfolgte 2011 bis 2013 eine aufwendige Dachsanierung, die 1,5 Millionen Euro kostete. Nach der Beseitigung der Schäden konnte das Schloss wieder für Besucher geöffnet werden. Um das Schloss besser zu erschließen, ließ die Gemeinde Rosenbach/Vogtland einen Aufzug und eine behinderengerechte Toiletten einbauen. Außerdem wurde eine Küche eingerichtet. Der 2003 gegründete Förderverein „Freunde des Leubnitzer Schlosses“ veranstaltet im Weißen Saal die „Leubnitzer Konzerte“. Durch die Veranstaltungen ist Schloss Leubnitz zu einem wichtigen Kulturort im Vogtland geworden. „Aber wir sind immer noch ein Geheimtipp“, gibt Eberhard Prager, Ortsvorsteher in Leubnitz, zu.

Der Leubnitzer Ortsvorsteher Eberhard Prager und Wolfgang Zürnstein (hinten), Vorsitzender des Vereins „Freunde des Leubnitzer Schlosses“.

SCHLOSS LAUTERBACH

1884: *Schloss Lauterbach wird im Neorenaissancestil als Herrensitz des Rittergutes Lauterbach erbaut. Auftraggeber ist die Familie Esche, die das Rittergut 1841 gekauft hatte. Der namentlich nicht bekannte Baumeister kombiniert traditionelle Bauformen der deutschen Renaissance des 16. und 17. Jahrhunderts mit Motiven klassizistischer Turmvillen des 19. Jahrhunderts. Alle Architekturteile bestehen aus sächsischem Sandstein.*

1907 – 1909: *Die Esches sind eng befreundet mit dem flämischen Designer Henry van de Velde, der 1902 die Villa Esche in Chemnitz entwirft. Zwischen 1907 und 1909 nimmt er eine grundlegende Umgestaltung der Innenräume in Lauterbach vor.*
Diese Inneneinrichtung ist bis heute erhalten. Daraus resultiert die große kulturhistorische Bedeutung des Schlosses.

1945: *Arnold Esche wird im Zuge der Bodenreform enteignet. Ein von der sowjetischen Besatzungsmacht geforderter Abbruch des Schlosses kann verhindert werden. Das Schloss wird an die Gemeinde Lauterbach übertragen.*

Ende 1990er-Jahre: *Die Gemeindeverwaltung zieht aus, die Wohnungen werden nach und nach leergezogen. Die Gemeinde Neukirchen, zu der Lauterbach seit 1996 gehört, schreibt das Schloss zum Verkauf aus.*

2004: *Der aus Stuttgart stammende Designer Claus Lämmle kauft mit seiner Familie das Schloss und saniert seitdem behutsam das Erbe von Henry van de Velde. Zum Schloss gehört ein 7000 Quadratmeter großer Park mit altem Baumbestand.*

Kontakt: *Am Schloß*
08459 Neukirchen/Pleiße OT Lauterbach

In Privatbesitz.

schloss-lauterbach.info

SCHLOSS LAUTERBACH

Der im belgischen Antwerpen geborene Henry van de Velde (1863–1957) gilt als einer der einflussreichsten Designer des frühen 20. Jahrhunderts. Seine Interieurs und Architekturentwürfe gelten als Ikonen des Jugendstils und der beginnenden Moderne. Das bekannteste Bauwerk, das van de Velde in Sachsen schuf, ist sicherlich die Villa Esche in Chemnitz, die heute als Museum besichtigt werden kann. Doch nur wenige Design-Experten wissen, dass im Schloss Lauterbach bei Crimmitschau ebenfalls erlesene Interieurs des vielseitigen Künstlers zu finden sind, der seit 1902 an der Großherzoglich Sächsischen Kunstgewerbeschule in Weimar lehrte.

Das Rittergut Lauterbach ist aus der mittelalterlichen Herrschaft Crimmitschau hervorgegangen, die durch Teilungen in mehrere Herrschaftsbezirke zerfiel. Bis ins 16. Jahrhundert waren Dorf und Vorwerk Bestandteile der Herrschaft Schweinsburg (Crimmitschau), mit der sie verkauft und vererbt wurden.

Die Trennung erfolgte 1583, als Hans und Hermann von Weißenbach die Herrschaft Schweinsburg verkauften, aber Lauterbach loslösten und für sich behielten. Die nachfolgenden Grundherren gehörten bekannten sächsischen Adelsfamilien an. Auf die Starschedels folge 1640 mit dem vermögenden Carol Bose (1596–1657) das Geschlecht der Boses, das zahlreiche Rittergüter im westlichen Erzgebirge und im Vogtland in seinen Besitz brachte. 1713 kaufte Rudolph von Schönberg (1668–1716) auf Gelenau, Thum und Niederzwönitz das Rittergut Lauterbach, das 1701 abgebrannt war und seitdem am Boden lag. Er sorgte dafür, dass Herrensitz und Landwirtschaftsbetrieb wieder erstanden. Rudolph von Schönberg gehörte der Stollberger Linie des weit verzweigten Adelsgeschlechts von Schönberg an, die mit seinem älteren Bruder Hans Dietrich von Schönberg (1559–1727) erlosch. Die Besitzungen fielen an die Biebersteiner Linie, die 1789 mit Rudolf Dietrich von Schönberg ausstarb. Dieser vermachte Lauterbach dem sächsischen Generalpostmeister Adam Rudolph von Schönberg (1712–1795) aus der Linie Maxen-Purschenstein. Da auch er keine Nachkommen hatte, gelangte Lauterbach 1795 an seinen Bruder Christian Ehrenreich (1719–1801) und dann an dessen Sohn Caspar Carl Friedrich von Schönberg, der das Gut 1803 seinem dritten Sohn Caspar Heinrich vererbte. 1841 fiel Lauterbach seiner Adoptivtochter Agnes Fiedler zu, die das Rittergut zwei Jahre später an den Kaufmann und Strumpfwarenfabrikanten Moritz Samuel Esche (1785–1854) aus Limbach veräußerte. Damit gelangte Lauterbach an die wohl bekannteste Industriellendynastie des Erzgebirges.

Sie führt sich auf Johann Esche (1682–1752) zurück, der Anfang des 18. Jahrhunderts in Limbach (heute Limbach-Oberfrohna) die Strumpfwirkerei einführte. Seine Nachkommen betrieben Strumpf-

fabriken in Limbach-Oberfrohna und Chemnitz. Während Moritz Samuel Esche nach Lauterbach übersiedelte, blieb sein ältester Sohn, Dr. Julius Esche (1814–1867), in Limbach wohnen. Der Besitz fiel an die beiden Söhne, von denen der jüngere, Eugen Esche (1845–1902), die Fabrik nach Chemnitz verlegte und dort zur größten deutschen Strumpfwarenfabrik ausbaute.

Das Designerschloss

Eugen Esche kaufte 1882 seinem Bruder Arthur (1857–1940) dessen Anteil am Rittergut Lauterbach ab und errichtete 1884 das noch heute vorhandene Schloss. Die Fabrik in Chemnitz fiel 1902 an die beiden älteren Söhne Herbert Eugen Esche (1874–1962) – auf ihn geht die Villa Esche in Chemnitz zurück – sowie Fritz Eugen Esche (1876–1953), während der jüngste Sohn Arnold Esche (1880–1967) das Rittergut Lauterbach erbte. Die Familie Esche war eng befreundet mit Henry van de Velde, der 1902 die Villa Esche entwarf und 1906 von Arnold Esche nach Lauterbach geholt wurde, wo er eine grundlegende Umgestaltung der Innenräume vornahm. Henry van de Velde dürfte entsetzt gewesen sein, als er das Lauterbacher Schloss zum ersten Mal sah, denn es verkörpert eine Stilrichtung, die der Designer vehement ablehnte. Für den überladenen Dekor des späten 19. Jahrhunderts hatte er nichts übrig. Das Lauterbacher Schloss wurde 1884 im Neorenaissancestil neu errichtet. Der namentlich nicht bekannte Baumeister kombinierte traditionelle Bauformen der deutschen Renaissance des 16. und 17. Jahrhunderts mit Motiven klassizistischer Turmvillen des 19. Jahrhunderts und Elementen der französischen Renaissance. Dabei gelangte er zu einem abwechslungsreichen Fassadenbild. So wird die Schauseite durch eine Giebelachse – mit Volutengiebel und vorgelegten Standerker – und einen an die Ecke gesetzten, über vier Geschosse aufragenden Turm mit Zeltdach asymmetrisch gegliedert. Alle Gebäudeteile bestehen aus sächsischem Sandstein. Über der Tür ist vermerkt „ERBAUT 1884", während im Giebelfeld das Portals das Monogramm ME für Moritz Esche erscheint. Im geschmiedeten Türgitter wiederholt sich der Buchstabe E in zweifacher Gestaltung – eine Anspielung auf Eugen Esche.

Clauss Lämmle, Besitzer des Schlosses, Künstler und Designer aus Stuttgart.

Über den Treppenaufgang gelangt man in ein achteckiges Entrée, über welches die Gesellschaftsräume im Erdgeschoss zu betreten sind. Im Obergeschoss lagen die Wohnräume der Familie.
Henry van de Velde, der 1906 bis 1908 für Arnold Esche ein neues Interieur entwarf, ließ die Raumaufteilung unverändert, änderte aber die Gestaltung der Räume nachhaltig. Er ließ Wände und Decken verkleiden, bespannen oder farbig tönen, fügte Vertäfelungen und Wandschränke ein, entwarf Lampen und Leuchten aus Messing und stattete die Räume mit passenden Möbeln aus. So wurden die Wände des Speisesaals – des größten Saals im Schloss – mit eigens entworfenem Leinenstoff bespannt, während das Arbeitszimmer eine Mahagoni-Wandvertäfelung in Jugendstilformen mit eingefügten Wandleuchten aus Messing erhielt. Der belgische „Alleskünstler" setzte mit diesem Interieur Maßstäbe für das moderne Design. Die von ihm für das Schloss entworfenen Möbel – in Lauterbach ist leider kein einziges Stück mehr vorhanden – erzielen auf Auktionen Höchstpreise oder stehen in Museen in Chemnitz und Berlin.
Dass in Lauterbach nur noch Reste des Interieurs vorhanden sind, hat mit der Enteignung des Ritterguts zu tun. Arnold Esche, der nicht verheiratet war und daher das Schloss alleine mit sechs oder sieben Bediensteten bewohnte, verlor Schloss und Grundbesitz im Oktober 1945 infolge der Bodenreform. Ein von der sowjetischen Besatzungsmacht geforderter Abbruch des Schlosses konnte verhindert werden. Das Gebäude wurde der Gemeindeverwaltung übertragen, die hier zehn Wohnungen, das Bürgermeisteramt und eine Arztpraxis unterbrachte. Obwohl man den Raumgestaltungen van de Veldes in der Nachkriegszeit keinen Wert zubilligte, blieben sie größtenteils vor Zerstörung bewahrt. Man hat sie übermalt oder verkleidet, teils auch sichtbar gelassen. Ende der 1990er Jahren zog die Gemeindeverwaltung aus; die Wohnungen wurden nach und nach. Die Gemeinde Neukirchen/Pleiße, zu der Lauterbach seit 1996 gehört, schrieb das Schloss zum Verkauf aus. Eine erste Privatisierung scheiterte.

Neues Leben in alten Räumen

Dass inzwischen wieder Leben in den alten Herrensitz eingezogen ist, verdankt die Gemeinde dem aus Stuttgart stammenden Künstler und Designer Claus Lämmle, der das Schloss durch Zufall im Internet entdeckte und sich sofort für den Ort und seine Geschichte begeisterte. 2004 erwarb er gemeinsam mit seiner Frau Claudia den Herrensitz samt Park. Zum traditionellen Dorf- und Kinderfest öffnen die Lämmles jährlich ihren Park für die Feierlichkeiten. Den ersten Wohnsitz hat die Familie inszwischen von Stuttgart nach Lauterbach verlegt. „Wir lieben die Ruhe, den Zusammenhalt und die gute Gemeinschaft", sagt Lämmle, der als Gestalter von „inszenierten Räumen" für Museen, Unternehmen und Privatleute in der ganzen Welt unterwegs ist. Das Lauterbacher Schloss baut er unter Beteiligung einheimischer Handwerksbetriebe in kleinen Schritten aus. Die vorhandenen Raumgestaltungen Henry van de Veldes werden behutsam ergänzt, teils auch nach Befund rekonstruiert. Das lange vernachlässigte Erbe ist somit in guten Händen. Anders als die Villa Esche in Chemnitz ist das Lauterbacher Schloss aber kein Museum, sondern das, wozu es erbaut wurde: ein herrschaftliches Wohnhaus mit historischer Anmutung.

SCHLOSS WILDENFELS

12. Jahrhundert: *Die Gründung einer ersten Burg auf dem „Wilden Fels" erfolgt, wie Forscher vermuten, im letzten Drittel des 12. Jahrhunderts.*

1602: *Die Grafen zu Solms-Wildenfels ziehen als neue Besitzer ein. Sie schaffen den vorderen Teil des Schlosses und lassen dort bei einem späteren Umbau Wohn- und Repräsentationsräume einrichten. Auch während ihrer Herrschaft wird die Anlage immer wieder von Bränden heimgesucht.*

1726: *Der Turm wird an seiner heutigen Stelle errichtet, 1727 die Schlossbrücke gemauert. Die heutige Anlage entspricht der architektonischen Umgestaltung vom Ende des 18. Jahrhunderts.*

1948/49: *Das Schloss soll gesprengt oder abgerissen werden, um Baumaterial für Gehöfte der Neubauern zu gewinnen. Der damalige Wildenfelser Bürgermeister Otto Beier verhindert das, indem er Wismutkumpel im Schloss einquartiert. Die Anlage leidet in dieser Zeit erheblich, kann aber erhalten werden. 1950 wird die Schloss- und Parkanlage an die Stadt übertragen.*

1998: *Der Freundeskreis Schloss Wildenfels engagiert sich für die Sanierung des Schlosses und seine Nutzung. Seit 1999 gehört die Anlage der gemeinnützigen Gesellschaft Schloss Wildenfels. 93 Prozent der Anteile hält die Stadt, die die Sanierungsarbeiten fortsetzt.*

Kontakt: *Schloßstraße 2*
08134 Wildenfels

Öffnungszeiten: Dienstag und Donnerstag: 10.00 bis 18.00 Uhr
Freitag: 09.00 bis 13.00 Uhr
Jahreszeitbedingte Änderungen finden Sie unter:

schloss-wildenfels.de

SCHLOSS WILDENFELS

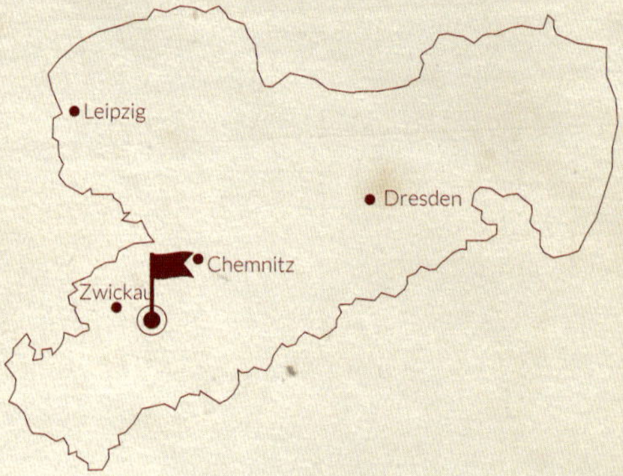

Wildenfels ist die kleinste Residenzstadt in Sachsen. Hier, im westlichen Erzgebirge, hatten die edelfreien Herren von Wildenfels im letzten Drittel des 12. Jahrhunderts Land gerodet und eine Burg gegründet, um die sich die Kleinstadt Wildenfels entwickelte. 1407 sahen sich die Herren von Wildenfels gezwungen, ihre nur wenige Dörfer umfassende Herrschaft zu verpfänden, doch 1536 konnte Anarg von Wildenfels, Herr zu Ronneburg, die Burg für seine Familie zurückerwerben. Als 1602 der letzte Herr von Wildenfels starb, fiel der Grundbesitz infolge einer vorher vereinbarten Eventualbelehnung an das hessische Grafengeschlecht Solms-Laubach, das in sämtliche Rechte eintrat. In das Wappen der Herrschaft Wildenfels, das eine blaue Rose zeigt, wurde der aufsteigende Löwe der Grafen zu Solms übernommen.

Obwohl die Herrschaft Wildenfels sehr klein war – sie umfasste nur zwei Dörfer, sechs Dorfanteile und die gleichnamige Kleinstadt – waren die Grafen zu Solms-Wildenfels reichsunmittelbare Herren, die nach der Reichsverfassung nur dem Kaiser untertan waren. Die Kurfürsten in Sachsen versuchten, das kleine Land ihrer Hoheit zu unterwerfen, indem sie etwa die Reichsbeträge für die Herrschaft Wildenfels übernahmen. Nach langwierigen Auseinandersetzungen

erkannte 1706 Otto Heinrich Wilhelm Graf zu Solms-Laubach-Wildenfels (1675–1741) die kursächsische Landeshoheit über die Herrschaft Wildenfels an, erwirkte aber einige Sonderrechte, die erst 1846 abgeschafft wurden. So übten die Grafen zu Solms-Wildenfels ihre eigene Gerichtsbarkeit aus, waren nicht in das kursächsische Steuersystem eingebunden und hatten einen eigenen Lehnhof, der verlehnten Grundbesitz beaufsichtigte. In Härtensdorf hatten sie ihre „Hofkirche", deren Pfarrer seit 1677 den Titel eines „Hofpredigers" führte.

Residenz und Musenhof

Graf Friedrich Magnus I. (1743-1801) machte aus der kleinen Residenz im Erzgebirge in der zweiten Hälfte des 18. Jahrhunderts einen Musenhof. Er ließ die alte Burg in ein zeitgemäßes Schloss umbauen, lud Maler und Gelehrte ein und gründete 1776 auf Schloss Wildenfels die Freimaurerloge „Zum goldenen Apfel". Sein Hofmaler Christian Leberecht Vogel (1759–1816) schuf Porträts sowie Wand- und Deckengemälde im Schloss. In Wildenfels wurde sein Sohn Carl Christian Vogel (1788–1868) geboren, der ebenfalls den Malerberuf ergriff und nach der Ausbildung an der Dresdner Kunstakademie und einer Italienreise zu den erfolgreichsten Malern im Königreich Sachsen gehörte. 1831 wurde er mit dem Namen „Vogel von Vogelstein" in den Adelsstand erhoben. Die bürgerlichen Reformen im 19. Jahrhundert führten zu einem weiteren Machtverlust der Wildenfelser Grafen, die ihre letzten Sonderrechte aufgeben mussten. Graf Friedrich Magnus V. (1886–1945) wurde 1940 von der nationalsozialistischen Regierung unter einem Vorwand verhaftet und in die Nervenheilanstalt Großschweidnitz verbracht. Dort starb er im September 1945 unter ungeklärten Umständen. Seine Familie verlor sämtlichen Besitz in der sowjetischen Besatzungszone und flüchtete nach Westdeutschland.

Das Schloss, das von dem herrschaftlichen Leben in der kleinen Erzgebirgsresidenz berichtet, erhebt sich eindrucksvoll über dem Städtchen Wildenfels. Es steht auf einem länglichen Bergrücken, der von der Stadt durch einen tiefen Graben getrennt ist. Zu allen Seiten steil abfallende Flanken schützten die Burg vor der Einnahme durch Angreifer. Die Anlage ist damit eine typische Spornburg des Hochmittelalters. Von der mittelalterlichen Burg sind keine Reste erhalten. 2001 wurden bei archäologischen Grabungen Teile der ehemaligen Ringmauer der Wehranlage entdeckt. Außerdem kamen Reste eines niedergebrannten

Gebäudes aus dem zweiten Viertel des 13. Jahrhunderts zu Tage. Das ehemalige Kornhaus, in dem sich jetzt moderne Wohnungen befinden, ist das älteste Gebäude des Schlosses. Die durch die Herren von Wildenfels errichteten Teile der Burg brannten 1521 und 1589 ab. Im 17. und 18. Jahrhundert erhielt die Schlossanlage ihre heutige Gestalt. Die weiß gestrichenen Schlossflügel gruppieren sich um zwei Höfe, wobei ein 1727 errichteter Turm mit Haube und Laterne die schiefergedeckten Dächern überragt.

Das zur Stadt gerichtete Haupttor ist mit dem vergoldeten Wappen der Grafen zu Solms-Wildenfels geschmückt. Der Ost- und Nordflügel enthält die Gemächer, in welchen bis 1945 die Grafenfamilie lebte. Auch wenn das Inventar – wie bei den meisten Schlössern – durch Enteignung und Plünderung verloren gegangen ist, kann man noch heute nachvollziehen, mit welchem Aufwand die Räume im 18. und 19. Jahrhundert ausgestattet waren. So ist der Blaue Salon mit einer kostbaren Wandbespannung aus türkischen Seidentapeten ausgekleidet. Der „gestickte Traum aus Sultans Reich" kam vermutlich Ende des 18. Jahrhunderts als Beutestück aus den Türkenkriegen nach Wildenfels. Die zehn seidenen Tapetenbahnen zeigen üppige Blumenbouquets sowie Blüten, exotische Vögel und orientalische Öllampen vor tiefblauen Nischen. Die Bespannung, die vermutlich einst das Zelt eines Sultans zierte, wurde in den letzten Jahren mit großem Aufwand restauriert. Auch die Nebenräume sollen wieder ihre alte Gestaltung erhalten. Über den Türen befinden sich gemalte Supraporten des Hofmalers Christian Leberecht Vogel.

Im Südflügel wurde um 1790 der Festsaal eingerichtet, der mit seiner klassizistischen Raumfassung sehr vornehm wirkt. Es folgt der kleine Saal, der heute als Trauzimmer genutzt wird. Die aufwendige Ausmalung schuf der Maler Theodor Große 1856 bis 1858 für den Grafen Friedrich Magnus II. (1777–1857). Sämtliche Szenen sind der Historie des Grafenhauses Solms entnommen. Die beiden großen Wandbilder stellen den „Einzug der Grafen Solms in Wildenfels" (1602) und die „Oranierhochzeit" (1625) dar. Gemeint ist die Hochzeit des Statthalters der Niederlande Friedrich Heinrich von Oranien (1584–1647) mit der Gräfin Amalie zu Solms-Braunfels (1602–1675). Diese Verbindung öffnete dem Grafenhaus den Zugang zum europäischen Hochadel.
Die Arabesken auf den Wandflächen zwischen den Fenstern enthalten Symbole und Darstellungen aus der Familiengeschichte, die in eine aufsteigende Ranke eingebunden sind. Vom Trauzimmer kommt man in die untere Rotunde, die möglicherweise als Musikzimmer diente. Die gewölbte Decke wird von freistehenden Säulen mit korin-

Der Vorsitzende des Freundeskreises Schloss Wildenfels, Karl Weiß, und Galerieleiterin Dorothea List im Blauen Salon.

thischen Kapitellen getragen. Die gräfliche Bibliothek im zweiten Obergeschoss gliedert sich in ein Vorzimmer und einen runden, von Bücherschränken umgebenen Saal, der auch als obere Rotunde bezeichnet wird. Das eindrucksvolle Deckengemälde des Vorzimmers, geschaffen von Christian Leberecht Vogel, zeigt einen Wolkenhimmel, in dem Helios den Sonnenwagen heraufführt. Im vorderen Teil des Schlosses befanden sich nicht nur die gräflichen Gesellschaftsräume, sondern auch die Kanzlei, die ehemalige Schlosskapelle, das Schlossarchiv, die Küche, Räume für Bedienstete, die Wagenremise und Gästezimmer. Der Gebäude des hinteren Schlosshofs dienten als Wirtschaftsgebäude.

Dem Abriss entgangen

1948/49 entging das Schloss nur knapp dem Abriss. Die Landesbodenkommission hatte die Zerstörung der „Junkerburg" angeordnet, doch der damalige Wildenfelser Bürgermeister Otto Beier konnte das Schloss retten, indem er in den Räumen Wismutkumpel einquartierte. 1950 wurde das Schloss der Stadt Wildenfels zur Nutzung übertragen.

Anfang der 1990er-Jahre war das Schloss sehr heruntergekommen. Das aus dem grauen, unansehnlichen Gebäude wieder ein Schmuckstück wurde, ist der gemeinnützigen Gesellschaft Schloss Wildenfels zu verdanken, die 1998 mit der Sanierung begann. Gemeinsam mit der Stadt Wildenfels, die 93 Prozent der Anteile hält, engagiert sich der Förderverein für die Wiederbelebung von Schloss und Park. Heute wird das Schloss vielseitig genutzt. In Ost- und Nordflügel sind die Stadtbibliothek und eine Außenstelle der Kreismusikschule untergebracht. Der Saal wird für Veranstaltungen und Konzerte genutzt, während die ehemaligen gräflichen Wohnräume seit 2004 als Schlossgalerie dienen. Der Ausstellungsraum „Wildenfelser Zwischengebirge" im Westflügel widmet sich den Gesteinen der Umgebung. Der verglaste Wintergarten an der Südseite des Schlosses ist mit einer Küche ausgestattet und kann für Veranstaltungen gemietet werden.

SCHLOSS UND RITTERGUT PRIESSNITZ

1380: *Das Rittergut samt allen Ländereien und Forsten ist im Besitz des Adelsgeschlechtes von Einsiedel.*

1606: *Auf den Fundamenten des Vorgängerbaus lässt Familie von Einsiedel das Schloss im Stil des niederländischen Manierismus errichten.*

1740: *Pächterhaus, Brauerei, Stallung und Speicher werden auf dem Rittergut gebaut.*

1919: *Der Chemnitzer Industrielle Fritz Vogel kauft das gesamte Gut von der verschuldeten Familie von Einsiedel.*

1944 – 1945: *Im Krieg dienen die Gebäude auf dem Gut der Unterbringung von Umsiedlern.*

1946: *Im Zuge der Bodenreform wird der Besitz unter 29 Neubauern aufgeteilt. 1951 wird ein Kindergarten in Prießnitz untergebracht, ein Jahr später die erste LPG gegründet.*

2005: *Die ehemaligen Stallungen werden zu historischen Handwerkerstätten umgebaut.*

2008: *Die Sanierung des Rittergutkomplexes beginnt. Die ehemalige Werkstatthalle der LPG wird abgerissen.*

2014: *Nach drei Jahren Bauzeit zieht der Kindergarten wieder ins Schloss ein, außerdem wird eine Bildergalerie eröffnet.*

Kontakt: *Badstraße 21*
04654 Frohburg OT Prießnitz

Öffnungszeiten: Von Montag bis Sonntag sind Besichtigungen nach Absprache möglich, unter: 034345 - 24 24 1.

schloss-rittergut-priessnitz.de

SCHLOSS UND RITTERGUT PRIESSNITZ

Prießnitz liegt in einem Landstrich zwischen Chemnitz, Leipzig und Altenburg, der maßgeblich durch das Adelsgeschlecht von Einsiedel geprägt wurde. Die bekannte sächsische Familie ist seit 1299 bezeugt. Die erste Erwähnung bezieht sich auf einen Burgmannen der Burg Zschopau, was vermuten lässt, dass sich der Familienname von dem Dorf Einsiedel bei Chemnitz ableitet. Nachdem Heinrich von Einsiedel 1380 eine Lehnsanwartschaft auf Prießnitz erhalten hatte, erwarben seine Kinder und Enkel die benachbarten Herrschaften Gnandstein, Kohren und Wolftitz. Die Söhne des Heinrich Hildebrand von Einsiedel (1497–1557) teilten den Besitz auf. Die Linien Sahlis, Gnandstein und Syhra herrschten über die Rittergüter Prießnitz (bis 1919), Gnandstein (bis 1945), Wolftitz (bis 1945), Syhra (bis 1945), Hopfgarten (bis 1945), Sahlis (bis 1602, nochmals 1720 bis 1754), Lobstädt (1586 bis 1724), Großzössen (1606 bis 1871), Kesselshain vorderen und hinteren Teils (1704/11 bis

1783) und Benndorf (1892 bis 1941). Die 1745 in den Grafenstand erhobene Linie Scharfenstein, benannt nach der Burg Scharfenstein im mittleren Erzgebirge, erwarb die Herrschaft Wolkenburg an der Zwickauer Mulde und die Standesherrschaft Seidenberg (Reibersdorf) in der Oberlausitz. Das Wappen des bekannten Geschlechts zeigt einen Einsiedler, der einen Axt und eine Rodehacke hält – ein sprechender Hinweis auf die Kolonisationstätigkeit der Einsiedels.

Herrschaft & Landwirtschaft

Das Schloss Prießnitz ist bei weitem nicht so bekannt wie die nicht weit entfernte Burg Gnandstein. Aber der Herrensitz zeigt noch heute, wie sich Landwirtschaft und Herrschaftsausübung ergänzten. Der Rittergutshof ist als geschlossene Einheit erhalten geblieben. Zum Schlossensemble gehören mehrere Wohn- und Wirtschaftsgebäude. An der Ostseite steht das turmartige Pächterwohnhaus. Mit seinen drei Geschossen, dem hohen Mansardwalmdach und dem zierlichen Dachreiter überragt es die Scheunen und Stallungen, die den Hof an drei Seiten umgeben. An der Westseite öffnet sich der Hof zum Schlossgarten. Das Schloss besteht aus einem größeren Haupttrakt und einem niedrigeren Seitengebäude mit Tordurchfahrt, die sich nahtlos an die nördliche Bebauung des Gutshofs anschließen. An den Westgiebel des Schlosses ist ein Seitengebäude mit Fachwerkobergeschoss und Tordurchfahrt angegliedert.

Prießnitz hat eine lange Vergangenheit. Im Jahr 977 schenkte Kaiser Otto I. (955–983) den Hof „Presnize" dem Bischof von Merseburg. Im 14. Jahrhundert gelangte der Herrensitz an die Familie von Einsiedel, die nach und nach die umliegenden Rittergüter erwarb. 1380 räumte Burggraf Albrecht von Leisnig seinem Vasallen Heinrich von Einsiedel die Anwartschaft auf Prießnitz ein. 1386 war Prießnitz im Besitz des Christoph von Einsiedel. Als die Söhne des Heinrich Hildebrand von Einsiedel (1497–1557) die Besitzungen aufteilten, fiel Prießnitz zunächst an Haubold von Einsiedel (1521–1591) auf Scharfenstein, bevor sein Bruder

Hildebrand von Einsiedel (1528–1598) auf Gnandstein 1570 den Besitz kaufte. Über vier Jahrhunderte wurde das Rittergut innerhalb der weit verzweigten Linie Gnandstein weitergegeben.

Das Schloss wurde 1605/06 für Hans von Einsiedel (1575–1639) und seine Gemahlin Anna von Schleinitz (1581–1616) errichtet. Der dreigeschossige Bau wird von einem Satteldach bedeckt. Die Fenstergewände und das schöne, von einer reichen Architekturrahmung umgebene Sitznischenportal sind aus Rochlitzer Porphyr gearbeitet. Renaissancegiebel mit aufgesetzten Obelisken prägen das Fassadenbild. Das an den Ostgiebel angebaute Seitengebäude, datiert ins Jahr 1697, ergänzten August von Einsiedel (1649–1713) und seine Ehefrau Margaretha Sibylla von Bomsdorff (1657–1714). Über der Hofdurchfahrt ist ihr Wappen angebracht. Während das Erdgeschoss mit Kreuzgratgewölben ausgestattet war, lag im Obergeschoss der große Festsaal. Ende des 17. Jahrhunderts ließ August von Einsiedel einen Salon im Erdgeschoss mit einer kostbaren Stuckdecke verzieren. Das ovale, von sechs kleinen Medaillons umgebene Mittelfeld enthält ein Gemälde. Es zeigt, wie der tapfere trojanische Prinz Aenaeas seinen Vater Anchises aus dem brennenden Troja rettet.

Die Stallungen und das Pächterhaus an der Ostseite des Gutshofs wurden 1741 durch August von Einsiedel (1692–1745) und Helena von Schönberg (1717–1779) ergänzt. Über dem Portal sieht man ihr Wappen. Das turmartige Bauwerk zeichnet sich durch eine aufwendige barocke Fassadengliederung aus. Die Räume im Obergeschoss besaßen Stuckdecken. Die in das Mansarddach eingelassene Uhr gliederte den Tagesablauf des Gutsbetriebs.

1918 verkaufte eine Erbengemeinschaft aus der Gnandsteiner Linie der verschuldeten Familie von Einsiedel das 475 Hektar große Rittergut an den Chemnitzer Papierfabrikanten Fritz Vogel. Er ließ das Schloss 1920/21 umgestalten und nutzte es danach als Jagdsitz und Landhaus. Man veränderte die Nordfassade, ergänzte dort ein neues Portal und eine Fenstertür mit Balkon und bekrönte das Satteldach mit einem Dachreiter. Die Ergänzungen gliedern sich gut in den Bestand ein, da sie dem Baustil des 17. Jahrhunderts nachempfunden wurden. Am Portal liest man das Monogramm FV und die Jahreszahl 1921. Innen richtete sich Fritz Vogel eine großzügige Halle mit Holzbalkendecke und Kamin ein. Von hier führt eine Treppe ins Obergeschoss, wo sich die Wohnräume und Gästezimmer befanden. Schloss und Rittergut wurden 1945 enteignet.

Gutshof & Heimatmuseum

In den Jahren der DDR wurde der Gutshof von der LPG genutzt. Das Schloss diente als Schule und Wohnhaus. 1974/75 wurden die Gewölbe im Seitenflügel herausgebrochen und eine neue Geschossdecke eingezogen. Darüber baute man anstelle des Festsaals eine Turnhalle ein. Heute wird auf dem Hof keine Landwirtschaft mehr betrieben. Aber man kann viel über die Landwirtschaft vergangener Jahrhunderte lernen. Der Heimatverein Prießnitz-Trebishain hat eine umfangreiche Sammlung an landwirtschaftlichen Geräten, Maschinen, Fahrzeugen und Einrichtungsgegenständen zusammengetragen, die sich auf die Scheunen und Stallungen des Ritterguts verteilt. Das beeindruckende Sammelsurium kann nach Anmeldung besichtigt werden, desgleichen das kleine Heimatmuseum, das der Heimatverein im Obergeschoss des Schlosses einrichtet hat. Die übrigen Räume werden derzeit nicht genutzt.

Die Familie von Einsiedel ist nach dem Ende der DDR wieder ins „Einsiedelland" zurückgekehrt. Horst-Alexander von Einsiedel führt landwirtschaftliche Betriebe in Syhra und Hopfgarten. Sein Bruder Curt-Hildebrand von Einsiedel kaufte Schloss Wolftitz zurück. Zusammen mit seiner Frau erwarb er land- und forstwirtschaftliche Flächen, die einst der Familie von Einsiedel gehörten. Auch das Ackerland des Ritterguts Prießnitz wird von ihm bewirtschaftet.

SCHLOSS HOHENECK

1244: *Wahrscheinlich um 1200 erbaut, wird das Schloss 1244 erstmals urkundlich erwähnt als „Staleburc", Namensgeber für die Stadt Stollberg.*

1556 – 1587: *Die Herrschaft Stolberg gelangt in den Besitz von Kurfürst August I. und wird zum Jagdschloss umgebaut. Auch das Amtsgefängnis ist damals hier untergebracht, im Turm auf dem „Hohen Eck".*

1602: *Das Schloss brennt ab.*

1861/62: *Auf den Grundmauern des Schlosses wird die königlich-sächsische Weiberzuchtanstalt Hoheneck gebaut. Später wird das Gebäude als Haftanstalt für Männer genutzt. In der Zeit des Kaiserreichs, der Weimarer Republik und des Dritten Reichs sitzen hier auch politische Häftlinge ein.*

1951: *Das Gefängnis wird zum Frauenzuchthaus.*

2001: *Die JVA Hoheneck wird geschlossen. Pläne, das Schloss als Freizeitkomplex zu nutzen, scheitern unter anderem am Widerstand der Opferverbände.*

Kontakt: *An der Stalburg 6*
09366 Stollberg

Öffentlich, Termine für Führungen unter: 0371 - 48 18 33 80.

hoheneck.com

SCHLOSS HOHENECK

Hoheneck ist kein Traumschloss. Die Anlage thront wie eine mächtige Burg über dem Stadtgebiet von Stollberg, doch sie vermittelt keinen herrschaftlichen Glanz. Die Fenster sind vergittert, auf den hohen Mauern, die das Areal umgeben, liegen Stacheldrahtrollen. Hoheneck gehörte zu den berüchtigsten Gefängnissen der DDR. Doch dieses Gefängnis ist tatsächlich aus einem Schloss, einem mittelalterlichen Herrensitz hervorgegangen. Die auf einem weithin sichtbaren Berg in Gipfellage erbaute Burg wurde um 1200 gegründet, als die Erkenbertinger, ein edelfreies Geschlecht aus Tegkwitz bei Altenburg, das Erzgebirgsvorland kolonisierten. Die Burg Stollberg, so der älteste Name, bildete den Mittelpunkt der Herrschaft Stollberg. 1244 wird ein „Hugo de Staleburc" genannt, der vermutlich Burgmann auf Stollberg war.

Schlossführer Theo Schreckenbach

Zu Beginn des 14. Jahrhunderts ging die Herrschaft an die Herren von Schönburg über, die anstelle eines älteren Waldhufendorfes die Stadt Stollberg gründeten. 1367 verkauften die Schönburger Burg und Stadt an König Wenzel von Böhmen, so dass Stollberg seitdem zu den böhmischen Besitzungen nördlich des Erzgbirges gehörte. Ab 1423 hatten die Markgrafen von Meißen die Lehnshoheit inne. 1473 gelangten Burg und Herrschaft Stollberg an das weit verzweigte sächsische Adelsgeschlecht von Schönberg. Doch die Kurfürsten von Sachsen trachteten danach, die größeren Herrschaften des Erzgebirges in ihren unmittelbaren Besitz zu bringen. Als sich in der zweiten Hälfte des 16. Jahrhunderts die Möglichkeit bot, Stollberg zu erwerben, griff Kurfürst August von Sachsen (1526–1586). 1564 kaufte er den Brüdern Jacob (gest. 1565) und Valentin von Schönberg (1518–1565) das Land um Stollberg ab. Auch die Burg ging in seine Hände über.

Vom Amtsschloss zum Zuchthaus

An die ältere Geschichte erinnert auf dem Gefängnisgelände kaum noch etwas. Als der Ausbau zur Haftanstalt erfolgte, brach man alle älteren Gebäude ab. Auf der ältesten Ansicht des Zeichners Wilhelm Dilich, entstanden um 1626/28, ist ein mächtiger viereckiger Bergfried zu sehen. Ihn begleiteten zwei Gebäude, die im rechten Winkel zueinander angeordnet waren. In die Ringmauer war ein weiterer, zur Stadt gerichteter Turm eingebunden. 1564 ließ Kurfürst August die Burg als kurfürstliches Schloss umgestalten. Damals entstand auch der Name „Hoheneck". Die kurfürstliche Familie besuchte Stollberg jedoch nur selten. Und so wurde das Schloss Hoheneck, wie andere kurfürstliche Schlösser auch, zu einem reinen Verwaltungssitz. Im „Amtsschloss" war die Verwaltung des Amtes Stollberg untergebracht. Dazu gehörten auch Gerichts- und Gefängnisräume.

Nach den Verwaltungsreformen des 19. Jahrhunderts brauchte man das „Amtsschloss“ nicht mehr, zumal das Amt Stollberg in der größeren Amtshauptsmannschaft Chemnitz aufgegangen war. Man beschloss, auf der Burg ein Zuchthaus einzurichten. 1862/63 wurde unter Beseitigung noch bestehender älterer Gebäude ein „Weiberzuchthaus“ errichtet. Ende des 19. Jahrhunderts wurde Stollberg-Hoheneck Männergefängnis. Auch im 20. Jahrhundert blieb die Haftanstalt bestehen. Nachdem die DDR-Behörden 1119 durch sowjetische Militärtribunale verurteilte Frauen nach Hoheneck verlegt hatten, ging aus der Haftanstalt 1951 das größte Frauengefängnis der DDR hervor. Hoheneck war bekannt für den hohen Anteil politischer Gefangener. Ein Drittel der Inhaftierten waren wegen politischer Vergehen zu einer Haftstrafe verurteilt worden, etwa wegen „Republikflucht“. Sie mussten sich die Zellen mit verurteilten Mörderinnen und anderen Kriminellen teilen. Über viele Jahre war Hoheneck überbelegt. Der Höchststand war 1974 erreicht, als 1612 Frauen hier hinter Gittern saßen. Das Ende der Repression kam mit der friedlichen Revolution in der DDR. Im November 1989 wurden alle politischen Häftlinge durch Amnestie freigelassen. Hoheneck blieb ein normales Frauengefängnis, bis es 2001 geschlossen wurde. Im Jahr darauf kaufte der saarländische Geschäftsmann Bernhard Freiberger die Anlage. Er wollte das ehemalige Gefängnis zum grusligen Feriendomizil mit „Jailhouse-Feeling“ umbauen, scheiterte aber an den Opferverbänden, die sich gegen eine kommerzielle Nutzung des Ortes aussprachen.

2013 übernahm die Stadt Stollberg das ehemalige Gefängnis. Wenn Fördermittel bereitgestellt werden, soll in Hoheneck eine Gedenkstätte entstehen.

Erinnerungen ohne Romantik

Hoheneck ist eine „Gefängnisfestung". Die Haftanstalt ist von bis zu sieben Meter hohen Mauern umgeben. Die höchste Stelle des Berges nimmt anstelle der frühreren Burg und des kurfürstlichen Schlosses eine Vierflügelanlage ein. West- und Südflügel enthalten in vier Etagen die Häftlingszellen. An die Hofseite des Südflügels gliedert sich der Uhrenturm an, der mit seiner hohen Spitze die Dächer der Haftanstalt überragt. In der dritten Etage des Westflügels ist ein Kirchensaal mit Orgel eingerichtet. Der Nordflügel nahm ehemals auch Zellen auf. Zuletzt waren im Erdgeschoss die Speisesäle eingerichtet. Darüber befanden sich die Werkstätten und Arbeitsräume, in denen die Häftlinge tagsüber zur Arbeit gingen. Die inhaftierten Frauen mussten hart arbeiten, beispielsweise in der Gefängnisnäherei. An der Ostseite steht das Verwaltungsgebäude. Die vier Flügel umschließen einen Innenhof, der den Häftlingen zum Freigang diente.

In Hoheneck sind keine Frauen mehr eingesperrt. Die Besucher können frei hinein- und hinausgehen. Aber sie haben nach wie vor das beklemmende Gefühl, eine Haftanstalt zu betreten. Hoheneck ist und bleibt Gefängnis. Was auch immer man in den nächsten Jahren an diesem Standort tut: Schlossromantik wird sich hier nicht einstellen.

SCHLOSS ROCHLITZ

995: Die Burg Rochlitz wird indirekt in einer Urkunde Kaiser Ottos III. erwähnt. Damit gehört die Anlage zu den ältesten Bauwerken Sachsens.

Um 1115: Ein Wohnturm wird errichtet – heute der älteste Zweckbau Sachsens. Von Mitte des 12. bis Anfang des 13. Jahrhunderts wird die Burg Residenz der wettinischen Linie der Grafen von Groitzsch und Rochlitz.

Ende 14. Jahrhundert: Markgraf Wilhelm, genannt der Einäugige, lässt das Fürsten- und das Querhaus errichten. Zwischen 1436 und 1445 ist darin das wettinische Staatsarchiv untergebracht.

1537 – 1547: Herzogin Elisabeth nutzt das Schloss als Residenz, reformiert von dort aus die Gegend.

1850 – 1994: Das Schloss dient als Gerichtssitz. 1892 wird ein Museum eingerichtet. In die Anfangsjahre fällt auch der Bau eines Gefängnisses, das bis 1961 genutzt, aber erst 1990/91 abgerissen wird.

1994: Der Freistaat Sachsen erwirbt die Anlage. Die 1997 begonnene Sanierung kostet fast 20 Millionen Euro.

2013: Die Sanierungsmaßnahmen werden abgeschlossen, alle Schlossflügel können nun besichtigt werden.

Kontakt: Sörnziger Weg 1
09306 Rochlitz

Öffnungszeiten: Mai bis Oktober: täglich 10.00 bis 18.00 Uhr
November bis Februar: für den öffentlichen Besucherverkehr geschlossen
Führungen auf Anfrage unter: 03737 - 49 23 10

schloss-rochlitz.de

SCHLOSS ROCHLITZ

Zwischen Wechselburg und Rochlitz erhebt sich oberhalb des Muldentals der 348 Meter hohe Rochlitzer Berg. Er stellt nicht nur eine markante Erhebung im Muldenland dar, sondern ist auch der Ort, an dem der bekannte Rochlitzer Porphyr gewonnen wird. Das Tuffgestein ist vor 275 Millionen Jahren entstanden, als ein Vulkan riesige Mengen an Lava und Asche ausstieß, die sich zu einem farbigen Gestein verfestigten. Der Rochlitzer Porphyr ist hell- bis dunkelrot und von weißen Äderchen durchzogen. Im Landstrich zwischen Leipzig und Chemnitz ist der charakteristische Stein als Baumaterial weit verbreitet.

Auch das Rochlitzer Schloss ist aus dem roten Stein erbaut. Wie üblich, wurde der Rochlitzer Porphyr für Fenster- und Türgewände, Gesimse und Eckquaderungen verwendet, während das normale Mauerwerk aus Bruchstein besteht. Das Schloss erhebt sich auf einem isolierten Felsen am linken Ufer der Zwickauer Mulde.

Der deutsche König Heinrich I. (um 876–936) gründete hier im 10. Jahrhundert die erste Burg, nachdem er das umliegende slawische Siedlungsgebiet unter seine Herrschaft gebracht hatte. Die Königsburg, die mindestens zweimal von deutschen Königen besucht wurde, fiel 1143 an die Markgrafen von Meißen. In den Mauern des heutigen Schlosses stecken noch immer Bauteile des 12. Jahrhunderts, darunter der Torturm und zwei Wohntürme. Das Bild, das uns heute entgegentritt, geht auf Markgraf Wilhelm I. den Einäugigen von Meißen (1343–1407) zurück, der die alte Burg in ein repräsentatives Schloss verwandelte. Da der vorhandene Bestand über Jahrhunderte kaum verändert wurde, blieben bedeutende Teile der mittelalterlichen Bausubstanz erhalten. Und so kann man sich gut in jenes Zeitalter zurückversetzen, in dem die engen und unbequemen Burgen durch wohnliche Residenzen ersetzt wurden.

Schutz und Trutz

Der Burgfelsen ist durch steile Hänge geschützt. An der Ostseite war der Kernburg die durch tiefe Gräben gesicherte Vorburg vorgelagert. In diesem Vorburgbereich steht die St. Petrikirche, die mit der Gründung der Stadt Rochlitz zur städtischen Pfarrkirche wurde. Durch die Vorburg gelangt man zum sogenannten Querhaus mit dem östlichen Burgtor und der Schlosskapelle. Das zweite Burgtor befindet sich auf der Westseite, wo ein tiefer Einschnitt als Burggraben dient. Eine Brücke führt zum westlichen Zugang, der durch zwei hoch aufragende Türme flankiert wird. Die behelmten Spitzen tragen eigenwillige Namen: Als „Finstere Jupe“ und „Lichte Jupe“ sind sie bekannt geworden. Woher die Namen kommen, kann niemand genau sagen. Markgraf Wilhelm I. von Meißen ließ die Türme zwischen 1383 und 1395 als Symbole seiner Herrschaft errichten. Mit den abgeschrägten Ecken im oberen Drittel ähneln die Finstere und die Lichte Jupe dem zerstörten Schlossturm in Grimma und dem Hausmannsturm des Dresdner Schlosses. Diese Türme wurden ebenfalls unter Wilhelm I. neu errichtet. Die Rochlitzer Jupen stellen eine Mischung aus Bergfried und Wohnturm dar. Wie die Bergfriede mittelalterlicher Burgen haben sie hochliegende Eingänge und überwölbte Verliese, die man nur von oben erreichen kann. Die oberen Geschosse sind für eine Wohnnutzung angelegt, doch scheinen sie nie bewohnt gewesen zu sein. Auf Wilhelm I. gehen auch die beiden Schlossflügel zurück, die den östlichen Teil des Schlosshofs einfassen. Über dem Burgtor erhebt sich das Querhaus, an welches sich im rechten Winkel das Fürstenhaus anschließt.

Der dreigeschossige Saaltrakt enthielt drei große Säle, in denen die Hofgesellschaft feiern und speisen konnte, während das Querhaus die fürstlichen Wohnräume aufnahm. Eine Stube konnte durch eine Warmluftheizung beheizt werden. Um 1400 gehörte das Markgrafenschloss in Rochlitz zu den größten und modernsten Residenzen im mitteldeutschen Raum. Das Querhaus wurde nach 1470 nochmals umgebaut. Die Räume im zweiten Obergeschoss erhielten spätgotische

Vorhangbogenfenster, Sitznischen und Zellengewölbe nach dem Vorbild der Meißner Albrechtsburg. Der spätgotische Baustil entfaltet sich in der Schlosskapelle, die mit ihrem Chor in den östlichen Burggraben hineinragt. Weit geöffnete Maßwerkfenster belichten den hohen und schlanken Gewölberaum, den innen ein Rippengewölbe und farbige Wandmalereien zieren. Die Durchfahrt zum Innenhof wird von einem mächtigen Bogen überwölbt. Darüber lag ein ehemals offener Gang, auf dem sich die Bewohner des Schlosses der Hofgesellschaft und Gästen zeigen konnten. Im Südflügel liegt die Hofküche, eine Schwarzküche mit offenem Herd und Rauchabzug.

Markgraf Wilhelm I. starb 1407. Da er keine Kinder hatte, fiel der von ihm beherrschte Teil der Mark Meißen an seinen Neffen Friedrich den Streitbaren (1370–1428), der 1423 die sächsische Kurwürde erlangte. Die Kurfürsten und Herzöge von Sachsen besuchten Rochlitz nur noch selten. Sie nutzten das Schloss, um in ihm Witwen und nicht regierende Mitglieder der Familie standesgemäß unterzubringen. In den spätgotischen Schlossräumen lebten etwa Herzogin Amalia (1436–1501), verwitwete Herzogin von Bayern-Landshut, oder Herzog Friedrich (1473–1510), Hochmeister des Deutschen Ritterordens. Vom polnischen König vertrieben, zog er sich in seine sächsische Heimat zurück. 1511 wurde Albrecht von Preußen (1490–1558) in Rochlitz zum Hochmeister des Deutschen Ritterordens gewählt. Er formte das Ordensland an der Ostsee zum weltlichen Herzogtum um. Rochlitz war Witwensitz der Elisabeth von Sachsen (1502–1557), die auch als „Herzogin von Rochlitz“ bekannt wurde. Die hessische Prinzessin gehörte zu den einflussreichsten Fürstinnen des Reformationszeitalters. Nachdem ihr Mann, Herzog Johann von Sachsen (1498–1537), verstorben war, führte sie gegen den Willen ihres strenggläubigen Schwiegervaters in Rochlitz die lutherische Reformation ein. Im Schmalkaldischen Krieg, den sie zu verhindern versuchte, wurde sie 1547 aus Rochlitz vertrieben.

Schmuckstück Rote Stube

Die letzte sächsische Fürstin, die Rochlitz aufsuchte, war Christiane Eberhardine (1671–1727), die Ehefrau Augusts des Starken (1670–1733). Sie übernachtete im Schloss, wenn sie zu ihrer abseits gelegenen Residenz in Pretzsch an der Elbe reiste. Seit dem 18. Jahrhundert war das Schloss nur noch Behördensitz des Amtes Rochlitz. Neben Beamtenwohnungen beherbergte es Gerichtsräume und ein Gefängnis. Die Gerichtsnutzung endete erst 1990, als das Kreisgericht Rochlitz aus den Schlossräumen auszog. Heute gehört Schloss Rochlitz zu den Staatlichen Schlössern, Burgen und Gärten in Sachsen.

In den letzten Jahren wurde der Herrschaftssitz gut erforscht und Stück für Stück restauriert. Man beseitigte das in den Hof hineingebaute Gefängnis und stellte an der Nordseite den Wehrgang wieder her. Das Schloss hatte lange Zeit mehr Ähnlichkeit mit einer riesigen Baustelle als mit einem Museum. Das schreckte die Gäste ab. Schloss Rochlitz ist noch immer kaum in der Öffentlichkeit bekannt. Das wird sich ändern, denn seit 2013 sind Fürsten- und Querhaus fertig saniert. Hier sind die Säle und Räume in unterschiedlichen Raumfassungen des 14. bis 16. Jahrhunderts zu erleben. Ein besonderers Schmuckstück ist die Rote Stube in der kurfürstlichen Wohnetage im zweiten Geschoss, die Kurfürst Christian I. von Sachsen (1550-1591) 1588/89 einrichten ließ. Beim Abbruch einer Zwischendecke traten Teile der früheren Wandverkleidung zutage. Um den früheren Raumeindruck wiederzuerlangen, wurde die hölzerne Wandvertäfelung unter Verwendung der historischen Elemente rekonstruiert. Seinen Namen hat der Raum von der roten Farbfassung der Wand- und Deckenfelder.

MAYORATSGUT GROSSHARTMANNSDORF

1250: *Mönche des Benediktinerklosters Chemnitz erbauen das Rittergut. 1375 verkauft das Kloster seine Anteile an die Herren von Waldenburg auf Wolkenstein. Deshalb gehört der Ort, der mitten im Amt Freiberg liegt, bis 1832 zum Amt Wolkenstein.*

1524: *Nach mehreren Besitzerwechseln kauft Apollonia Alnpeck, Witwe des Freiberger Bergbauunternehmers Stephan Alnpeck, beide Dorfteile für ihre Nachkommen. Ihr ältester Sohn Sebastian Alnpeck lässt 1565 das Großhartmannsdorfer Herrenhaus erbauen.*

1676: *Verkauf an Caspar von Schönberg, Amtshauptmann von Freiberg. Der soll es später beim Kartenspiel verloren haben.*

1730: *Das Gut gelangt durch Versteigerung an die Adelsfamilie von Carlowitz. 1774 vergrößert Hans Carl von Carlowitz den Familienbesitz um die Herrschaft Liebstadt im Osterzgebirge. Zum Majorat gehört seitdem auch das Schloss Kuckuckstein.*

1929: *Die Familie Carlowitz beschließt, das Majorat aufzugeben. 1931 kommt es zur Zwangsversteigerung. 1945 wird die letzte Besitzerin enteignet.*

1947/48: *Der Grund und Boden wird aufgeteilt, alle Gebäude mit Ausnahme des Herrenhauses werden abgerissen.*

1982: *Das Haus geht an die Gemeinde über.*

1991 – 2008: *Das Rittergut wird saniert und zum Museum und Veranstaltungszentrum umgebaut.*

Kontakt: *Hofbuschweg 1*
09618 Großhartmannsdorf

Museum und Café sonntags von 14.00 bis 17.00 Uhr geöffnet

grosshartmannsdorf.de

MAYORATSGUT GROSSHARTMANNS-DORF

Das Haus ist nur klein, aber dennoch eine Reise wert. Denn mit dem Rittergut Großhartmannsdorf verbinden sich klangvolle Namen, spannende Geschichten und dramatische menschliche Schicksale. Das Herrenhaus ist der letzte Rest einer großen Hofanlage, die 1947/48 abgebrochen wurde. Heute wird für das Anwesen der Name „Mayoratsgut" gebraucht. Das hat nichts mit der Gewürzpflanze Mayoran zu tun, wie es die falsche Schreibweise vermuten lässt, sondern bezieht sich auf eine historische Rechtsform. Das Rittergut Großhartmannsdorf war ein Fideikommiss, ein gebundenes Vermögen, das ungeschmälert an die nächste Generation weitergeben musste. Dabei galt das sogenannte Majorat. Der lateinische Begriff besagt, dass immer der älteste Sohn den Besitz übernehmen sollte.

Ehrenamtliche Mitarbeiterinnen des Mayoratsguts laden zu Veranstaltungen ins Haus ein, dabei tragen sie die historische Kleidung der Mägde.

Reichtum und Schulden

Großhartmannsdorf ist ein Dorf südlich der Kreisstadt Freiberg. Im Mittelalter zerfiel es in zwei Hälften, die grundherrlich getrennt waren. Nach mehreren Besitzerwechseln kaufte Apollonia Alnpeck 1524 die beiden Dorfteile für ihre Nachkommen. Die Frau verfügte über einen sagenhaften Reichtum. Sie war die Witwe des Freiberger Bürgers und Bergbauunternehmers Stephan Alnpeck (1456–1521) und die Tochter des reichen Görlitzer Kaufmanns und Bürgermeisters Georg Emmerich. Der Besitz fiel ihrem ältesten Sohn Sebastian Alnpeck zu, der als Ratsherr zu Freiberg und Rittergutsbesitzer 1565 das Großhartmannsdorfer Herrenhaus erbauen ließ. In Renaissanceformen gestaltet, besteht es aus einem zweigeschossigen Wohntrakt, dem auf der Hofseite ein halbrund hervortretender Wendelstein sowie ein rechteckiger Anbau angefügt sind. Während das Dach im 18. Jahrhundert verändert wurde, gehört das Sitznischenportal noch zum ursprünglichen Bestand. Hans Friedrich Alnpeck, der sich über die „zum Theil hartnäckigen Untertanen" beschwerte, verkaufte das Rittergut 1676 an Caspar von Schönberg (1621–1676), der Oberhauptmann des Erzegbirges sowie Amtshauptmann zu Freiberg und Grillenburg war. Auch die Schönbergs hatten ihre liebe Not mit den hiesigen Gutsuntertanen. So weigerten sich diese, das „meistentheils zerfallene adlige Wohnhaus" zu bewachen. Caspar Dietrich von Schönberg (1684–1730) soll das Gut angeblich beim Kartenspiel verloren haben. Belegt ist, dass er es 1720 an den Freiberger Beamten Paul Selig verkaufte, der aber schon ein Jahr später wegen „Kapitalverbrechen" inhaftiert und enteignet wurde.

1730 gelangte das Gut durch Versteigerung an die bekannte sächsische Adelsfamilie von Carlowitz, die zwei Jahrhunderte mit Großhartmannsdorf verbunden blieb. Carl Adolph von Carlowitz, der die Herrschaft erwarb, gründete das schon beschriebene Majorat Großhartmannsdorf. Er verfügte, dass die Inhaber des Majorats immer nur die Erträge nutzten durften, den Besitz aber nicht verkaufen, teilen oder entfremden durften. Als Zeichen der Inbesitznahme des Herrenhauses ließ er im Bogen des Sitznischenportals sein Wappen sowie das seiner 1759 verstorbenen Frau Agnes Elisabeth von Birkholz anbringen. Das Rittergut wurde erweitert und ausgebaut. So fügte man an das Herrenhaus ein großes barockes Wirtschaftsgebäude mit Tordurchfahrt an. Das Herrenhaus erhielt bei diesen Umbauten ein barockes Mansarddach.

1759 trat Hans Carl August von Carlowitz (1727–1793) das Erbe an. Er vergrößerte den Familienbesitz 1774 durch den Erwerb der Herrschaft Liebstadt im Osterzgebirge. Zum Majorat gehörte seitdem auch das Schloss Kuckuckstein, das zum romantischen Märchenschloss ausgebaut wurde. Eine bedeutende Persönlichkeit der Befreiungskriege gegen Napoleon war Carl Adolph von Carlowitz (1771–1837), der 1793 das Majorat übernommen hatte. Er lehnte das Bündnis des sächsischen Königs mit dem Kaiser der Franzosen ab, trat in preußische Dienste über und führte das Banner der freiwilligen Sachsen gegen Napoleon. Mit seinen Brüdern Hans Georg (1772–1840), Minister im Königreich Sachsen, und Anton (1785–1840), Minister im Herzogtum Sachsen-Coburg und Gotha, trat er für politische und wirtschaftliche Reformen ein. Der letzte Majoratsherr hieß ebenfalls Carl Adolph von Carlowitz. Er nahm sich 1928 aufgrund wirtschaftlicher Schwierigkeiten das Leben. Ein Jahr darauf erfolgte durch Familienbeschluss die Aufhebung des Majorats. Großhartmannsdorf fiel an Hans Karl Rudolf von Carlowitz, doch die Schulden waren bald größer als das Betriebsvermögen, so dass 1931 eine Zwangsversteigerung erfolgte. Die Girozentrale Sachsen verkaufte das Gut an Georg Barth, der 1936 starb. Seine Witwe Helene Barth wurde 1945 enteignet und des Ortes verwiesen.

Vor dem Verfall gerettet

Nach der Aufteilung des Grund und Bodens ordnete die Landesbodenkommission an, das Rittergut abzutragen. Es blieb lediglich das Herrenhaus stehen, das als Neubauernstelle an den vormaligen Rittergutsinspektor Georg Bertram übertragen wurde.

1978 zog der letzte Neubauer aus. Vier Jahre später ging das baufällige Anwesen an die Gemeinde über. Durch den Einsatz engagierter Heimatfreunde gelang es, den drohenden Abriss zu verhindern und das Gebäude zu erhalten. Auf maßgebliches Betreiben des Ortschronisten Otto Härtig wurde der ehemalige Herrensitz 1991 bis 2008 saniert und zum Museum und Dorfzentrum ausgebaut.

Das Herrenhaus dient heute als Heimatmuseum, Standesamt und Veranstaltungsort für Konzerte und Weihnachtsmärkte. Zum Museumsbestand gehört die Sammlung der Bundeslandsmannschaft Sachsen, eines 1954 gegründeten Heimatverbandes, der in den Jahren der deutschen Teilung die Sachsen vereinte, die es nach Westdeutschland verschlagen hatte. Die von der „Stiftung Land Sachsen" zusammengetragenen Kulturgüter kamen im Jahr 2000 nach Großhartmannsdorf.

Dass in dem Haus einst die Rittergutsbesitzer lebten, kann man anhand der erhaltenen Raumgliederung nachvollziehen. Die Räume im Erd- und Obergeschoss gruppieren sich jeweils um eine geräumige, fast durch die ganze Gebäudetiefe geführte Diele. Das Gerichtszimmer links neben der Eingangshalle hat eine hölzerne Kassettendecke mit farbig getönten Kassettenfeldern, während an der Wand eine barocke Kartusche mit dem Wappen der Adelsfamilie von Carlowitz angebracht ist. In diesem Raum fanden die Gerichtsverhandlungen statt, bei denen der Gerichtsherr in der erhöhten Erkernische saß. Der Erkerraum besitzt eine dekorative Ausmalung des 16. Jahrhunderts, von der freigelegte Teile zu sehen sind. Die Holzdecke des Erkers ist in mehrere Felder mit floralen Darstellungen gegliedert. Rechts neben der Eingangshalle befindet sich ein Raum mit Kreuzgratgewölbe, der vermutlich als Archiv diente. Die Tür trägt das Carlowitz-Wappen und die Jahreszahl 1772. Die ehemalige Küche wird heute als Café genutzt. Über die Wendeltreppe gelangt man ins Obergeschoss, wo sich der Festsaal, der Trausaal sowie Ausstellungsräume befinden.

Zur Sammlung der 2004 aufgelösten „Stiftung Land Sachsen" gehören Porzellan, Mineralien, Gemälde und erzgebirgische Schnitzarbeiten. Der wertvollste Bestand sind Gemälde und Zeichnungen, die der Dresdner Maler Georg Siebert (1896–1984) stiftete.

SCHLOSS BIEBERSTEIN

1218: *Ein Adliger dieses Namens wird erstmals urkundlich erwähnt. An der Stelle des heutigen Schlosses wird eine Burganlage errichtet.*

Um 1600: *Der mittelalterliche Bergfried und das neu gebaute Schloss werden zu einer Anlage vereint.*

1666: *Schlossherr Gotthelf Friedrich von Schönberg lässt einen Großteil des Gebäudes abreißen, das Schloss in seiner heutigen Form entsteht.*

1710 – 1720: *Die Freitreppe und das vierläufige Treppenhaus entstehen.*

1945: *Familie von Winckler, die Besitzer des Schlosses, wird enteignet.*

1952 – 1992: *Das Schloss wird als Jugendherberge genutzt.*

Ab 1998: *Heute befindet sich die Anlage im Besitz von Maritta Rogalla von Bieberstein Koch-Weser und wird als Konferenzzentrum genutzt.*

Kontakt: *Am Rittergut 8*
09629 Bieberstein/Reinsberg

In Privatbesitz, wird als Konferenzzentrum genutzt
Schlosspark ist nicht öffentlich zugänglich.

biebersteinforum.org

SCHLOSS BIEBERSTEIN

Majestätisch erhebt sich das Schloss über einem steilen Felshang im Bobritzschtal. Ein gelb gestrichenes Wohnhaus schmiegt sich an einen dunklen Turm. An der exponierten Lage über dem Flusstal kann man erkennen, dass der Herrensitz auf eine mittelalterliche Burg zurückgeht. Sie wurde in der zweiten Hälfte des 12. Jahrhunderts von den Herren von Bieberstein gegründet, die sich an der Erschließung des bewaldeten, von Flusstälern durchzogenen Berglands zwischen Freiberg und Meißen beteiligten. 1218 wird ein Günter von Bieberstein („Guntherus de Bibirstein") genannt. Die Biebersteiner waren nicht den Markgrafen von Meißen untertan, sondern verstanden sich als Reichsadel. Da sich im Osten bessere Entfaltungsmöglichkeiten boten, wanderten sie noch im 13. Jahrhundert in die Oberlausitz und nach Schlesien aus. 1290 verkauften sie mit dem Patronatsrecht über die Mochauer Kirche ihren letzten Besitz in Sachsen.

Die Biebersteiner, die in ihrem Wappen eine rote Hirschstange führten, besaßen bedeutende Herrschaften in Schlesien und bekleideten bis zum 16. Jahrhundert bedeutende Ämter am Königshof in Prag. 1667 starb das Geschlecht in männlicher Linie aus.

„Bieberstein“ muss ein so erfolgreiches Markenzeichen gewesen sein, dass zwei andere Familien, die nicht mit den ursprünglichen Biebersteinern verwandt waren, diesen Namen annahmen. Da auch sie mit der Burg Bieberstein verbunden sind, kann man sie leicht verwechseln. Nachdem die Herrschaft Bieberstein in der Hand der Brüder von Mylau (Milin) aus Mylau im Vogtland und danach der Herren von Maltitz gewesen war, gelangte sie Ende des 14. Jahrhunderts an die Marschälle von Bieberstein. Das Adelsgeschlecht besaß das erbliche Marschallamt der Markgrafen von Meißen, was den ersten Namensteil erklärt. Da die Nachfahren des Heinrich Marschall die Burg Bieberstein bis 1597 in Besitz hatten, nannte sich dieser Familienzweig „Marschall von Bieberstein“. Die Familie blieb bis zur Mitte des 19. Jahrhunderts in Sachsen. Auch heute noch gibt es Nachkommen, die den Familiennamen „Marschall von Bieberstein“ tragen.

„Rogala“ – „Hörner“ im Schilde

Und noch eine Familie ist zu erwähnen: 1440 ließen sich Mitglieder eines polnischen Adelsgeschlechts aus der Wappenfamilie Rogala in Ostpreußen nieder. Der polnische Adel ist dadurch gekennzeichnet, dass es nur wenige Wappen gibt, die von zahlreichen, nicht miteinander verwandten Familien geführt werden. Das häufige Rogala-Wappen zeigt links ein silbernes Büffelhorn und rechts eine rote Geweihstange. Diese wurde offenbar dem Wappen der Biebersteiner entnommen, jenem edelfreien Geschlecht, das aus Bieberstein nach Schlesien gewandert war. Auf die Frage, was sie im Schilde führten, sollen die Polen „Rogala!“ geantwortet haben, zu Deutsch „Hörner!“ So erklärt es die Wappensage. Ab dem 17. Jahrhundert begannen verschiedene Rogala-Zweige, ihrem Namen das traditionsreiche „Bieberstein“ beizufügen. Da König Friedrich II. von Preußen (1712-1786) wünschte, dass seine Offiziere polnischer Herkunft deutsche Namen tragen, änderten die ostpreußischen Rogallas ihren Namen um 1760 in „Rogalla von Bieberstein“.
Dieser Name kehrte schließlich nach Bieberstein zurück. Denn 1998 kaufte Dr. Maritta Rogalla von Bieberstein Koch-Weser (geb. 1947) das hoch

über der Bobritzsch gelegene Schloss. Die engagierte Schlossherrin kennt sich in der Welt aus. Sie hat in Deutschland studiert, in Brasilien geforscht, an amerikanischen Universitäten gelehrt und als Experte für Umwelt- und Sozialprogramme bei der Weltbank gearbeitet. Obwohl sie sich mit ihren Mann, dem ehemaligen Staatssekretär Cajo Koch-Weser, in Bieberstein häuslich eingerichtet hat, reist sie viel umher, um Konferenzen zu organisieren oder Umweltprogramme zu leiten. 1999/2000 war die Generalsekretärin des größten internationalen Dachverbands von Umweltverbänden. 2001 gründete sie Earth 2000, eine gemeinnützige Organisation, die Innovationen für Umwelt und nachhaltige Entwicklung fördert. Das Schloss Bieberstein ist nicht nur Wohnsitz, sondern auch Tagungszentrum. Unter dem Markennamen „Bieberstein Forum" werden Tagungen organisiert und Konferenzen durchgeführt. Außerdem kann man die Tagungsräume für eigene Veranstaltungen mieten.

Burg und Schloss

In Bieberstein mischen sich Element von Burg und Schloss. Der wuchtige, aus Bruchstein errichtete Turm erinnert an den alten Herrensitz. Er gehört zur Kernburg des „oberen Schlosses", die aus einem festen Turm und einer Ringmauer bestand. Auf dem vorgelagerten Felssporn, getrennt durch einen Geländeeinschnitt, stand die unter Burg, auch „Altes Schloss" genannt. Da die Herrschaft Bieberstein seit dem 14. Jahrhundert in Ober- und Niederbieberstein geteilt war, brauchte man zwei Herrschaftssitze. Oberbieberstein gehört den Truchsess von Wellerswalde und danach der Familie von Hartitzsch, während Niederbieberstein an die Freiberger Patrizierfamilie Alnpeck gelangte. Die Trennung endete 1630, als Moritz von Schönberg (1597-1646) auf Wingendorf und Oberschöna 1630 beide Anteile kaufte. Er verlegte seinen Wohnsitz in die obere Burg und ließ die untere abbrechen.

Sein Bruder Nicol von Schönberg (1603-1559) verkaufte Bieberstein 1651 an den noch jungen Gotthelf Friedrich von Schönberg (1631-1708), einen gebildeten Mann, der am Dresdner Hof in höchste Ämter aufsteig. Der studierte Jurist wurde mit der Leitung des Appellationsgerichts betraut, führte die oberste Steuerbehörde und leitete in seinen letzten Lebensjahren als Präsident des Oberkonsistoriums in Dresden die höchste Kirchenbehörde des Kurfürstentums Sachsen. Um 1666 ließ er die alte Burg teilweise abtragen und durch das „Neue Schloss" ersetzen. An den mittelalterlichen Wohnturm wurde ein frühbarocker Schlossflügel angefügt. Das blockhafte Gebäude trägt ein mächtiges Walmdach. In der Mittelachse, die durch einen Dacherker mit Bogengiebel betont wird, befindet sich der Haupteingang. Das barocke Portal mit Bogengiebel ist über eine zweigeteilte Freitreppe zu erreichen. Leider wurde das Wappen der Familie von Schönberg über der Haustür nach 1945 abgeschlagen. Durch das Portal betritt man eine geräumige Eingangshalle mit einem Kreuzgratgewölbe. Nach links schließt sich das Treppenhaus an.

Schlossbesitzerin Dr. Maritta Rogalla von Bieberstein Koch-Weser.

1721 wurde über den Grundmauern der unteren Burg das „Eremitorium" errichtet. In der romantischen Einsiedlerklause haben niemals echte Mönche gelegt. Das kleine Gebäude diente vielmehr den Schlossherren als Gartenhaus und Rückzugsort für Mußestunden.

Rudolf Dietrich von Schönberg (gest. 1789), der Enkel des Bauherrn, hatte keine männlichen Lehnserben. Er vererbte Bieberstein daher seiner Tochter Magdalene Erdmute Rudolphine, die 1807 den Amtshauptmann Johann Carl Ludwig von Schroeter heiratete. Damit ging Biberstein an die geadelte Familie von Schroeter über, die über vier Generationen die alte Burg und das 487 Hektar große Rittergut bewirtschaftete. 1886 übernahm Viktor von Schroeter (1838-1927) den Besitz. Der Jurist und Verwaltungsfachmann leitete von 1894 bis 1903 die Amtshauptmannschaft Meißen. Als dritter Vorsitzender des Meißner Dombauvereins ließ er 1903 die neugotische Balustrade des Meißner Doms, die dem Neubau der Domtürme weichen musste, nach Bieberstein versetzen. Dort schmückt sie noch heute als Brückengeländer den Schlosspark.

Die Erben Schroeters verkauften das Rittergut 1929 an Ursula von Winckler aus Dölitz, heute ein Ortsteil von Leipzig. Die adlige Besitzerfolge endete im Herbst 1945 mit der entschädigungslosen Enteignung des Rittergutslandes infolge der Bodenreform. Im Schloss Bieberstein und in der nur wenige Kilometer entfernten Burg Reinsberg richtete Arno Hennig (1897-1963), ein führender Kopf der SPD in Sachsen und seit Sommer 1945 Oberbürgermeister von Freital, eine „Arbeiterakademie" ein. Nach der Entmachtung Hennigs, der sich gegen die Vereinigung der SPD mit der KPD ausgesprochen hatte, ging aus der Bildungseinrichtung eine Parteischule der SED hervor. 1952 wurde im Schloss eine Jugendherberge eingerichtet. Als sie in dern 1990er Jahren nicht weiter betrieben werden konnte, verkaufte die Gemeinde das Grundstück an die Familie Koch-Weser beziehungsweise Rogalla von Bieberstein. Indem der Name „Bieberstein" über Schlesien, Polen und Ostpreußen wieder nach Sachsen zurückwanderte, schloss sich ein historischer Kreis, der in Bieberstein seinen Ausgang genommen hatte.

SCHLOSS PURSCHENSTEIN

Um 1200: *Noch heute rätseln Experten darüber, wann genau Schloss Purschenstein erbaut wurde. Geschichtsforscher vertreten diese Auffassung: Als „Castrum Borsensteyn" 1289 erstmals urkundlich erwähnt, soll die Ritterburg angeblich um 1200 vom böhmischen Ritter Borso I. von Riesenburg errichtet worden sein.*

1429: *Bevor Sigfrid von Schönberg neuer Besitzer wird, war die Herrschaft drei Jahre ein Lehen der Wettiner. Die Adelsfamilie von Schönberg baut 1550 die Burg in ein Renaissance-Schloss um.*

1642: *Während des Dreißigjährigen Krieges werden große Teile des Schlosses zerstört oder brennen ab.*

1776: *Im 18. Jahrhundert baut der sächsische Generalpostmeister Adam Rudolph von Schönberg das Schloss weiter aus. Dabei wird der Südflügel zu einer Kapelle umgestaltet.*

1945: *Nach der Enteignung der Familie von Schönberg wird das Schloss geplündert. Bis 1948 befindet sich dort eine Parteischule.*

1951 - 1955: *Das Schloss wird erst als Kinderheim genutzt, danach als Kulturhaus.*

1989: *Am 3. April brennen Teile des Schlosses aus. Die Gemeinde beginnt mit der schrittweisen Sanierung.*

2006: *Das niederländische Ehepaar Praagman baut die Anlage zu einem Schlosshotel um.*

Kontakt: *Purschenstein 1*
09544 Neuhausen

In Privatbesitz, wird als Hotel genutzt.
Führungen: Montag, Mittwoch, Freitag und Samstag 16.30 Uhr.

purschenstein.de

SCHLOSS PURSCHENSTEIN

Das obere Erzgebirge um Sayda, Neuhausen und Olbernhau ist „Schönbergland". Hier war die Adelsfamilie von Schönberg, eines der bekanntesten Geschlechter des sächsischen Adels, über Jahrhunderte verwurzelt. Die Herrschaft Purschenstein, zu der über zwanzig Dörfer und die Stadt Sayda gehörten, war eine der größten Grundherrschaften in Sachsen.

Ursprünglich war das „Schönbergland" noch viel größer. Es umfasste auch die benachbarten Herrschaften Frauenstein, Rechenberg und Mulda, die aber 1647 an den sächsischen Kurfürsten verkauft werden mussten. Die Rittergüter Pfaffroda und Dörnthal wurden 1650/51 von Purschenstein abgetrennt, blieben aber – ebenso wie Purschenstein – bis 1945 im Besitz der Adelsfamilie.

Man braucht sich also nicht zu wundern, wenn allerorten Wappen und Inschriften zu finden sind, die auf die Schönbergs hinweisen.

Herrschaftsmittelpunkt war das Schloss Purschenstein in Neuhausen/Erzgebirge. Hervorgegangen aus einer mittelalterlichen Burg, besetzt es einen Felsen über der Flöha. Der Name weist auf den Gründer des Adelssitzes hin, den Ritter Borso II. von Riesenburg, auf dessen Befehl um 1200 der „Borsensteyn" angelegt wurde. Borso war Mitglied einer böhmischen Adelsfamilie, die auf der Burg Riesenburg (Rýzmburk) bei Ossegg (Osek) am südlichen Erzgebirgsrand saß. Die Herren von Riesenburg drangen von Böhmen aus über den Erzgebirgskamm nach Norden vor und gründeten die Herrschaften Purschenstein, Sayda und Rechenberg, die im 13. Jahrhundert erschlossen und besiedelt wurden. Die im Flöhatal gelegene Burg Purschenstein war von strategischer Bedeutung, weil sie den alten böhmischen Steig bewachte, eine belebte Handelsstraße, die den mitteldeutschen Raum mit Böhmen verband. Die Markgrafen von Meißen und die Könige von Böhmen stritten sich um das Gebirgsland, das schließlich unter meißnische Hoheit kam. In der zweiten Hälfte des 14. Jahrhunderts gelangte die Herrschaft Purschenstein an die Adelsfamilie von Schönberg aus Rothschönberg bei Meißen, die den Besitz fast 600 Jahre halten konnte.

Eine hohe Schuldenlast, die sich im 17. Jahrhundert aufgetürmt hatte, führte fast zum Ruin. Caspar Heinrich von Schönberg (1633–1694) konnte den Besitz nur halten, indem er Pfaffroda und Dörnthal an seinen Hauptgläubiger Georg Friedrich von Schönberg (1586–1650) und dessen Sohn Caspar (1621–1676) aus dem Sachsenburger Hauptzweig der Schönbergs verkaufte. Damit blieb der Besitz innerhalb der Familie. Um das „Schönbergland" wieder aufblühen zu lassen, lud Caspar Heinrich von Schönberg evangelische Glaubensflüchtige aus Böhmen ein, sich in seiner Herrschaft anzusiedeln. Die Exulanten gründeten zahlreiche neue Dörfer, was eine wirtschaftliche Belebung zur Folge hatte. Die Bewohner des Gebirgslandes lebten von der Landwirtschaft und vom Zinnbergbau, bevor sich im 19. Jahrhundert die Holz- und Spielzeugindustrie durchsetzte.

Wechselnde Besitzer

1735 starb mit Wolf Rudolf von Schönberg (1668–1735) der Purschensteiner Hauptast aus. Es folgte ein dreißigjährigjähriger Streit um die Besitznachfolge. 1765 urteilten die Gerichte in letzter Instanz, dass die Herrschaft Purschenstein an sechs nachfolgeberechtigte Mitglieder

der Familie von Schönberg beziehungsweise ihre Erben zu übergeben sei. Einer der Kläger, Adam Rudolph von Schönberg (1712–1795) auf Purschenstein und Maxen, kaufte seinen Verwandten alle Anteile ab. Am 27. Oktober 1772 nahm der sächsische Generalpostmeister das Schloss Purschenstein in Besitz, was eine Gedenktafel im Schlosshof noch heute vermerkt. Seine Nachfahren führten die Agrarreformen durch und investierten im 19. Jahrhundert in die Forstwirtschaft. Purschenstein war der zweitgrößte private Waldbesitz in Sachsen. Das Holz wurde an die Papier- und Spielzeugindustrie des Erzgebirges verkauft und in einem eigenen Sägewerk verarbeitet.

Der letzte Herr auf Purschenstein war Georg von Schönberg (1875–1956). Da er keine Kinder hatte, brachte er das Schloss mit Inventar und Forstbetrieb in die von ihm errichtete Familienstiftung Purschenstein ein. Diese bestand nur wenige Jahre, denn im Herbst 1945 wurde die Familienstiftung infolge der Bodenreform enteignet. Georg von Schönberg wurde auf die Insel Rügen deportiert. Mit ihm und seinen Brüdern Hans (1880–1953), dem letzten Rittergutsbesitzer auf Reichstädt, der gleichfalls eine Stiftung errichtet hatte, sowie Horst (1881–1959), dem letzten Forstverwalter der Herrschaft Purschenstein, starb die Maxen-Purschensteiner Linie aus. Horst und Georg von Schönberg verbrachten ihre letzten Lebensjahre in Olbernhau.

Im Schloss ist die lange adlige Vergangenheit stets gegenwärtig. Wohin man schaut, überall entdeckt man das Wappentier der Schönbergs, einen in Rot und Grün geteilten Löwen. Eine Sage beschreibt, wie die Familie zu ihrem Wappen kam. Angeblich soll ein Schönberg bei einem Kreuzzug ins Heilige Land von einem Löwen angegriffen worden sein. Der Ritter nahm den Kampf auf und verletzte das Tier. Dieses zog sich brüllend in eine Moorgegend zurück. Als der Ritter dem Löwen den Todesstoß versetzte, war er zur Hälfte mit Blut und zu Hälfte mit grünen Seelinsen bedeckt.

Bewegte Nachkriegsgeschichte

Während der Bergfried noch aus dem Mittelalter stammt, sind die übrigen Bauten größtenteils im 16. Jahrhundert entstanden. 1550 wurde der dreigeschossige Mittelbau errichtet, der durch einen 1573 vorgesetzten Wendelstein erschlossen wird. Bedeutende Änderungen erfuhr der Adelssitz 1776 bis 1778, als Adam Rudolph von Schönberg im Südflügel eine barocke Schlosskapelle und wohnliche Gemächer einrichtete. Die Türme erhielten laternenbekrönte Turmhauben. Das betraf auch den einzeln stehenden Uhrenturm, der die Glocken der Schlosskapelle aufnimmt. Dem Südflügel ist ein südländischer Barockgarten mit Rosenrabatten und Springbrunnen vorgelagert, der im 18. Jahrhundert dem kargen Gebirgsland abgerungen wurde und zuletzt 1987 bis 1989 eine Neugestaltung erfuhr. Eine überdachte Treppe führt in das geometrisch angelegte Gartenparterre.

Nach der Enteignung der Familienstiftung Purschenstein diente das Schloss als Parteischule, katholisches Kinderheim und „Klubhaus der Gewerkschaften". Am 3. April 1989 brach ein Feuer aus, bei dem der Südflügel des Schlosses mit der ehemaligen Kapelle ausbrannte. Noch 1989/90 wurde der zerstörte Schlossflügel durch den Einsatz heimatverbundener Einwohner Neuhausens wieder aufgebaut. Nach Auflösung des FDGB wurde im Schloss eine Gaststätte betrieben. 2005 wurde der Herrensitz an einen niederländischen Geschäftsmann verkauft, der im Schloss ein Hotel einrichtete. Roelof Praagman investierte mehr als acht Millionen Euro in die alte Burg, in der gegenwärtig Urlauber in 20 Suiten und 30 Doppelzimmern übernachten können. „Wir mussten das Schloss verkaufen, um es zu erhalten", bekannte der Neuhausener Bürgermeister Peter Haustein. Er freut sich, dass er mit Praagman einen Betreiber gefunden hat, der Erfahrungen in der Hotelbranche mitbrachte. Inzwischen sind die Erneuerung der Innenräume und der Umbau zum Vier-Sterne-Hotel weit vorangeschritten. Seit 2011 kann im Südflügel in einem großen Festssaal getafelt werden. Er ist in jenem Schlossflügel eingerichtet, der einst die Kapelle des Schlosses beherbergte.

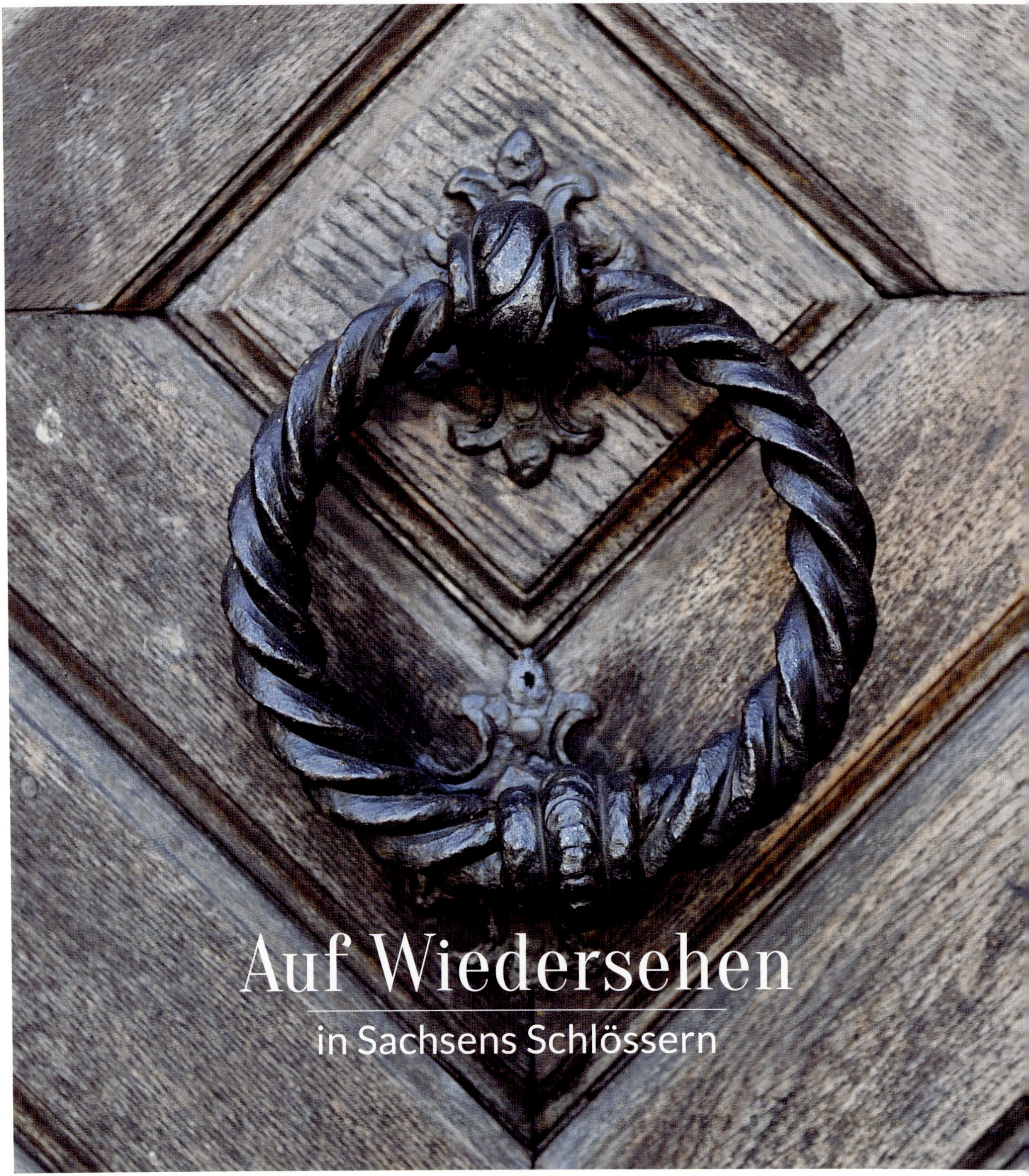
Auf Wiedersehen
in Sachsens Schlössern